TOYOTA

Principios y fortalezas
de un modelo de empresa

María Daniela Pascual

Pascual, María Daniela
Toyota: Principios y fortalezas de un modelo de empresa. 1a ed.
Buenos Aires
Pluma Digital Ediciones, 2012.
ISBN 978-987-28396-7-3
Formato: 15,5 x 22,5 cms
Paginas: 240
1. Negocios. 1. Estudio de Casos. 2. Título
CDD 650

Coordinación editorial: Osvaldo Pacheco
carlososvaldopacheco@hotmail.com

Diseño de tapa e interior: www.editopia.com.ar

Fecha de catalogación: 21/11/2012

ISBN 978-987-28396-7-3

9 789872 839673

Índice

Agradecimientos

En todo proyecto de esta magnitud, siempre existirán muchas personas que en mayor o menor medida han participado y contribuido en la consecución de este trabajo de investigación.. En principio, me gustaría agradecer a mi supervisor Dr. Horacio Meléndez, quien me ha guiado en el desarrollo de esta obra y me ha dado la oportunidad de presentarla en el Coloquio Doctoral CLADEA 2010 en Cartagena de Indias (Colombia), hecho que permitió la corroboración de hipótesis, hallazgos y resultados de este estudio.

También quiero agradecer a aquellas personas que han contribuido en mi formación profesional y académica. Entre ellos debería mencionar al Dr. Oscar Manuel Osorio, Dr. Oscar Bottaro, Dr. Enrique Cartier, Dr. Federico Frischknecht, Dr. Armando Bertagnini, Dr. Alberto Levy, Dr. Raúl Saroka y Dr. Ernesto Gore. Las mismas palabras de agradecimiento son para el Prof. Peter Abell y la Prof. Diana Rayniers de la London School of Economics and Political Science (LSE).

Asimismo, me gustaría agradecer a la Agencia de Cooperación Japonesa (JICA) por otorgarme una beca de perfeccionamiento en Japón, hecho que facilitó mis primeros contactos con la compañía Toyota. Y un particular agradecimiento al personal gerencial de Toyota Argentina por tomarse el tiempo para proveerme con información relevante en entrevistas personales y trabajo de campo in situ.

No podría concluir mis agradecimientos sin mencionar a mis primeros maestros: mis padres, Abel e Isabel Ana María, quienes forjaron mi temple y mis convicciones. Y, por supuesto, mis gracias al apoyo incondicional de mi marido, Raúl, que con sus consejos sobre la economía de la información ayudaron a que este estudio lograra profundidad desde la perspectiva económica. Por último, y no por esto menos importante, el agradecimiento a mis hijos, Martín Ignacio y Daniela Belén, que con el cariño de cada día fortalecen en mí la perseverancia necesaria para la presentación de esta obra.

Prólogo del Dr. Horacio Melendez

La presente obra es un testimonio fiel de la creciente competitividad de los modelos de empresa japoneses, que fueron creciendo a lo largo de décadas, con modalidades y culturas propias, frente a los modelos de occidente. La decantación cultural a través del tiempo ha conllevado un modelo empresarial en las empresas japonesas, de características particulares y diferenciadoras, respecto de los modelos corporativos de occidente, tanto de las corporaciones estadounidenses como de las europeas, considerando incluidos en estas últimas los modelos capitalistas sajones y los latinos que han proliferado en dicho continente. El modelo japonés, que gira alrededor de la constitución de estructuras empresariales denominadas *keiretsus*, ha sido materia de diferentes y numerosos análisis e investigaciones en el campo académico de la administración, teniendo como objetivo la búsqueda de aquellos factores que posibilitaron su exitosa *performance*.

Para los occidentales, en las etapas previas a la creciente globalización actual, las empresas japonesas pertenecían a una realidad lejana a nuestras percepciones habituales acerca del mundo empresarial. Sin embargo, el trabajo de dichas empresas fue realizado a lo largo del tiempo en forma constante y fecunda, con los resultados por todos conocidos. Hoy se puede hablar, sin dudas, de un modelo corporativo japonés, de características y fundamentos propios.

La presente obra se introduce profundamente en el mundo de la empresa japonesa, no solo en sus métodos y en sus prácticas sino tratando de avanzar en temas trascendentales como las estructuras de gobierno y el manejo del conocimiento a través de un enfoque sistémico.

La referencia al caso Toyota, objeto de estudio del libro, no está signado por la búsqueda de buenas prácticas o casos de éxito empresarial. Por el contrario, en el presente trabajo se analizan aquellos factores diferenciadores que permitieron que la empresa implantara un modelo exitoso de gestión que superó en el tiempo a las gigantes automotrices de Detroit.

La demostración de la influencia de los costes de transacción en el modelo desarrollado, no solo muestra un aporte a la dinámica empresaria, sino el manejo de conceptos surgidos del denominado neo-institucionalismo económico que han impactado directamente sobre la empresa como agente económico, rol no reconocido hasta la aparición de estas teorías de la mano de Ronald Coase y Oliver Williamson, entre otros..

Relacionar la teoría de los costos de transacción con la aplicación de modelos sistémicos de organización es un enfoque teórico novedoso en el que dicha vinculación queda ampliamente demostrada y justificada a través de la aplicación práctica en el campo de la realidad. El establecimiento de lazos entre diferentes teorías y posiciones epistemológicas no hace más que resaltar la validez de los resultados y conclusiones del presente trabajo en forma amplia y contundente.

Debe reconocerse que la inclusión del análisis del modelo de negocio de Toyota, y su relación con la gestión del conocimiento, aporta una mirada sumamente interesante y particular en el campo teórico que debe ser considerado como un aporte al campo de la administración de empresas, que complementa acabadamente el enfoque sistémico e institucional que la autora le ha impreso a la obra.
Debemos agregar que comprender esta obra importa el entendimiento

de la cultura empresarial japonesa. En un mundo sumamente globalizado los modelos corporativos japoneses han mantenido las tradiciones y valores propios de la cultura nacional que los ha signado desde las primeras etapas de su evolución.

Los modelos de gestión de las empresas japonesas reflejan una serie de improntas propias de la cultura del país en el que se han desenvuelto. La consideración del grupo humano como base de la empresa, la corporativización de las políticas de recursos humanos, los sistemas de producción, la permanente relación entre la calidad y el costo, los sistemas de tercerización de proveedores en redes y la inclusión de un modelo bancario particular son algunos de los signos distintivos de este modelo empresarial.

La particularidad de aquellos modelos de gobierno dotan a las empresas japonesas de una diferenciación notable en cuanto a la tenencia accionaria, la constitución de los directorios, la concepción de la empresa como actor social y el sistema de responsabilidades frente a terceros. Sin duda el modelo japonés de gobierno se basa en la teoría de los stakeholders que implica una serie de prácticas responsables frente a la comunidad, los gobiernos y los accionistas.

Como profesor y académico me siento sumamente honrado por el hecho de prologar esta obra, no solo por el valor académico de la misma, sino por las condiciones académicas, personales e intelectuales que ha evidenciado la autora quien realizó un trabajo de real significación en el campo de la administración.

Dr. Horacio R. Melendez

Director del Doctorado en Administración de Empresas
de la Pontificia Universidad Católica Argentina

"Everyone should tackle some great project at least once in their life."

Sakichi Toyoda,
Padre de Kiichiro Toyoda,
Fundador de Toyota

"La disyuntiva de hacer o comprar, tan debatida en las empresas de producción en masa, les pareció bastante irrelevante a Ohno y a sus colaboradores en Toyota cuando comenzaron a considerar la obtención de componentes para sus coches y camiones. La verdadera cuestión era cómo podían colaborar armoniosamente la línea de montaje y sus suministradores para reducir costos y mejorar la calidad, cualquiera que fuera la relación formal o jurídica que tuvieran."

James Womack, Daniel Jones y Daniel Ross
The Machine that Changed the World

Introducción general

Muchos estudios se han realizado con respecto a los beneficios del sistema de gestión *Just in Time (JIT)* en la reducción de costos de producción en la empresa Toyota. Estos estudios, al analizar la estructura de costos de producción de dicho sistema, se han focalizado en los efectos positivos de la reducción de los mismos en cuanto al logro de la eficiencia operativa. Sin embargo, un aspecto menos estudiado son los efectos positivos generados por el buen desempeño integral de las funciones básicas de toda organización, pilares de la Teoría de los costos de transacción desarrollada por Ronald Coase entre otros autores

Desde la perspectiva económica de esta teoría, se identifican tres funciones básicas en toda organización: (i) la *coordinación de las acciones* de varios actores de manera de formar un plan coherente; (ii) la *motivación de estos actores* para hacer lo que ellos tienen que hacer de manera de alcanzar este plan; y (iii) el *control o monitoreo de los actores* para lograr la consecución de dicho plan. El propósito de este estudio es analizar los efectos positivos o beneficios generados por el buen desempeño de estas funciones básicas en el modelo sistémico de Toyota con ciertas implicancias en su estructura organizacional.

Los efectos negativos que surgen como contrapartida de estos efectos positivos también son analizados teniendo en cuenta la manera ingeniosa en que la compañía los sobrelleva. Asimismo, la presencia de principios fundamentales -que delinean la filosofía "lean" característica de

Toyota- y de fuerzas expansivas e integradoras en la compañía, también influyen considerablemente en el modelo de negocios, en el modelo de gestión y el diseño organizacional; y en el sistema de gestión *JIT*.

El objetivo central de este trabajo de investigación es analizar los efectos del desempeño de estas funciones básicas que, influidas por la filosofía "lean" y las fuerzas expansivas e integradoras de la compañía, generan patrones de comportamiento en cada nivel de la estructura organizacional. Este objetivo central se desarrolla en cinco (5) objetivos específicos concatenados:

1. Analizar la presencia de los principios fundamentales que delinean la filosofía "lean" en el modelo sistémico de Toyota teniendo en cuenta los principios pertinentes a cada nivel organizacional de la compañía.
2. Identificar las fuerzas expansivas e integradoras que influyen en el modelo de negocios, en el modelo de gestión del conocimiento y en el sistema de gestión *JIT* de Toyota.
3. Exponer los efectos de la función de coordinación en el modelo de negocios que lidera a Toyota a partir de un proceso de estandarización consolidado que origina una baja asimetría de información entre las partes integrantes del gobierno corporativo.
4. Presentar el diseño organizacional y los efectos de la función de motivación en la gestión del conocimiento dentro de Toyota que, ante una alta estandarización y políticas de recursos humanos "aparentemente" contrapuestas, generan incentivos en el personal para la mejora continua y la innovación de manera ingeniosa.
5. Delinear el sistema de gestión *JIT* y la forma de integración con el Modelo de negocios y de gestión, detectando los efectos de la función de control directo e indirecto de los factores que intervienen en el proceso de estandarización presentes en el sistema de gestión *JIT*.

La hipótesis de esta obra consiste en mostrar que no sólo la reducción de los costos de producción han llevado al éxito a Toyota sino que también ha logrado la reducción de los costos no mensurables de transacción: los de coordinación, motivación y control existentes en los tres niveles de la estructura organizacional. Si bien a mayor división de trabajo, mayor información asimétrica, la gran diferencia que se presenta en Toyota con respecto a otras compañías es haber gestado un patrón de comportamiento organizacional basado en principios sólidos -consolidados en su cultura corporativa– que evitan el uso de información asimétrica en forma privada.

Asimismo, existe una trama de relaciones de largo plazo dentro de Toyota y entre esta empresa y sus proveedores que lleva a mejorar la eficiencia y la calidad de sus productos. De esta manera, Toyota intenta infundir a sus proveedores de los principios fundamentales de la compañía, hecho que ha contribuido notablemente en la eficiencia operativa y el desarrollo de una relación perdurable con proveedores de todo el mundo. Un hallazgo de este estudio es el rol que cumple la estandarización como variable central de desempeño de las funciones básicas de coordinación, de motivación y de control en el marco del modelo sistémico organizacional de la compañía.

Considerando esta introducción, la primera parte de esta obra desarrolla el marco doctrinario y la metodología a utilizar en este trabajo de investigación. En la segunda parte se analiza el desempeño de la función de coordinación en el modelo de negocio conjuntamente con el sistema de producción global y los nuevos cambios que se han sucedido merced a las fuerzas expansivas que lideran a Toyota. En la tercera parte se aborda el diseño organizacional y el modelo de gestión del conocimiento de la compañía y se estudian los efectos de la función de motivación en el modelo de gestión de Toyota. En la cuarta parte se delinea el sistema de gestión *JIT* y la forma de integración con el modelo de negocios y de gestión. Por último, en el epílogo se exponen las conclusiones generales y hallazgos de esta obra.

PRIMERA PARTE

Principios, teorías y metodología

Capítulo 1

Introducción

Este capítulo presenta el marco doctrinario y metodológico que será utilizado en este trabajo de investigación para analizar los efectos de la perspectiva económica transaccional en el modelo sistémico de la organización tomando como caso de estudio a la compañía Toyota. En el primer capítulo de esta parte, se expone la corriente epistemológica que se sigue para el abordaje de esta investigación; la metodología empleada para el desarrollo de esta obra y se presenta una matriz en la que se expone la vinculación sistémico-transaccional tomando en consideración las funciones básicas de coordinación, motivación y control presentes en cada nivel de la estructura organizacional (estrategia, administración y operación). Asimismo, como un apartado de esta sección, se efectúa un análisis del método utilizado en este estudio: la dinámica sistémica. El propósito del uso de esta herramienta es detectar hipótesis dinámicas a partir del diseño de diagramas causales.

Luego de exponer la perspectiva epistemológica y el enfoque sistémico organizacional, el análisis del nivel estratégico se centra en la arquitectura modular e integral que Toyota presenta en su modelo de negocios. Asimismo, el perfil de gestión se fundamenta en el enfoque horizontal de diseño organizacional por procesos. Desde esta mirada conceptual, se subraya la importancia de dejar de pensar en la funcionalidad de la organización y empezar a observar el proceso que se intenta mejorar.

Toyota: Principios y fortalezas de un modelo de empresa

Cabe destacar que en el nivel operativo (táctico) de la organización, Toyota ha diseñado su sistema de gestión *Just in Time* (*JIT*). En verdad, el sistema *JIT* permite sobrellevar conflictos que aparecen a causa de problemas de información así como intereses opuestos entre acciones individuales y objetivos organizacionales. A este desarrollo doctrinario se añade otro aporte complementario basado en la existencia de "comunidades de práctica" como un fenómeno comunicacional que genera redes de compromiso en la empresa.

Luego de este análisis organizacional, se comienza revisando la filosofía "lean" subyacente en esta compañía teniendo en cuenta los principios fundamentales del modo Toyota de operación. Estos principios ayudan a identificar aspectos centrales de la organización que surgen de la expansión e integración de Toyota; las "contradicciones creativas" que se gestan dentro de la organización; y la dirección "*Hoshin*".

El estudio de estos principios fundamentales se desarrolla en esta parte conjuntamente con las fuerzas expansivas e integradoras de Toyota, señalando la asignación de ambos tópicos por nivel estructural organizacional.[1] Luego de este análisis se expone el marco doctrinario que se utiliza para el abordaje de esta investigación. Comenzando con la perspectiva económica, se estudia con cierta profundidad los avances de "la nueva economía de la información" tomando en consideración el tipo de fallas de mercado existentes en la organización económica.

En este caso, se analiza la teoría de los costos de transacción diferenciando dos formas alternativas de organización económica: el mercado y la jerarquía. Entre los extremos definidos por estas formas de organización económica existe un "área gris" que permite muchas posibilidades

---

1 Esta asignación coincide con los capítulos de esta obra que a la vez se corresponden con el modelo de negocios, el diseño organizacional y modelo de gestión; y el sistema de gestión JIT.

de estructuras organizacionales intermedias o híbridas. De esta manera, las transacciones económicas tienen lugar en mercados o dentro de organizaciones dependiendo del sistema más eficiente para sobrellevar sus costos de transacción. Finalmente, se presentan las conclusiones.

Capítulo 2

Perspectiva Epistemológica
y Modelo Sistémico Organizacional

El diseño organizacional de Toyota se sustenta en la tradicional pirámide jerárquica que contiene a la estructura organizacional con tres niveles bien diferenciados: la estrategia, el planeamiento o administración y la táctica u operación. La estrategia, como nivel organizacional, "se determina teniendo en cuenta una situación aleatoria, elementos adversos e, inclusive, adversarios, y está destinada a modificarse en función de las informaciones provistas durante el proceso"[2]. El resultado de ese nivel organizacional es la misión que luego es decodificada en el siguiente nivel estructural: la administración.

En el nivel estructural administrativo (o de planeamiento) se interpretan los valores contenidos en la misión y se intenta sistematizar los mismos en un plan, que luego es codificado en el nivel operativo siendo su resultado un programa que deberá contener las acciones predeterminadas. Como bien señala Morin, "en ciertos niveles de organización emergen ciertas cualidades y propiedades específicas de esos niveles".[3]

A partir de este modelo de diseño organizacional se presenta un di-

---

[2] Morin, E.: "Introducción al pensamiento complejo", Séptima Reimpresión. Editorial Gedisa. Barcelona, España. 2004. pp.127.
[3] Morin, E. op. cit. pp.149.

Toyota: Principios y fortalezas de un modelo de empresa

lema en cuanto a los criterios de diversidad y amplitud que surgen del nivel estratégico; y que, indefectiblemente se contraponen a los criterios de parcialidad y reduccionismo que engendran los programas provenientes del nivel operativo o táctico. El problema radica en que estos programas tienen repercusión en la sociedad y es justamente esta interacción la que, buscando simplificar la misión estratégica en un programa, genera la complejidad.

Cabe destacar que para analizar este trabajo de investigación se utilizan varias corrientes epistemológicas dependiendo del tema a abordar en cada una de las partes de esta obra. Al abordar el estudio del modelo de negocio de Toyota, necesariamente se debe contextualizar el tópico desde una epistemología ampliada ya que se toma en consideración no solo la universalidad, formalización y neutralidad ética de la información obtenida sino también el abordaje contingente y subjetivo de la interacción que se presenta con los factores políticos, económicos y culturales del contexto empresario. En definitiva, *en la construcción del conocimiento incide la integridad de la máquina social".*[4]
Desde este marco doctrinario, el método de contrastar deductiva y críticamente las teorías utilizadas como fundamento de la metodología empleada que se basa en la estructura organizacional, lleva a que se someta la coherencia interna del sistema de variables utilizadas en dichas teorías con la aplicación práctica.[5] Desde un marco doctrinario tradicional, las organizaciones en general se dividen en tres niveles porque, como ya se ha señalado con anterioridad, cada nivel de la estructura organizacional tiene su propio lenguaje, modelo y programa. La práctica cotidiana nos muestra que muchas veces, al efectuar estas contrastaciones, aparecen casos especiales que se contraponen con la teoría señalada.

[4] Díaz, E.: "Entre la tecnociencia. La construcción de una epistemología ampliada". Editorial Biblos, 2002.
[5] Popper, K.: Introducción a la lógica de las ciencias, Primera Parte, en "La lógica de la Investigación Científica", Ed. Tecnos, Madrid, 1934.

La perspectiva epistemológica de Popper *"parte de una conjetura y la instancia empírica (la experiencia) opera como control de la misma"*[6]. Es aquí donde aparece el problema de la demarcación por medio del cual los empiristas como Hume introducen "el método de la inducción" teniendo en cuenta casos de la práctica. En la realidad empresaria, cada organización es única y posee su propia identidad. La postura de Lakatos y la racionalidad de los programas de investigación científica (PIC) le dan cierta flexibilidad al método hipotético deductivo, ya que si bien Lakatos refuerza los enfoques de Popper y Kuhn, razonablemente considera que los enunciados científicos no pueden ser demostrados (al ser generalmente aceptados por la comunidad científica).

Desde esta perspectiva, se abandona la jerarquía propia del "libro raíz" con su estructura vertical inherente al pensamiento popperiano, dándole lugar a la estructura sistémica. El aplicar estos PIC al diseño organizacional permite abrir el conocimiento hacia la existencia de un núcleo (la gestión empresaria) y una serie de elementos que van operando como una apertura de la estructura jerárquica de la organización a una forma organizacional en red donde los diferentes niveles de la estructura organizacional se van entrelazando. De esta manera, partimos de la unicidad de un patrón estructural estático (la estructura organizacional formal) a un sistema estructurable menos formal y más cercano a la realidad empresaria.

Si se profundiza en esta realidad, se avizora que esta visión unidimensional limita el análisis del fenómeno bajo estudio. Por esto, Morín señala que *"la estrategia requiere al conocimiento complejo, porque la estrategia surge trabajando con y contra lo incierto, lo aleatorio, el juego múltiple de la interacciones y las retroacciones"*[7]. La dificultad del pensamiento complejo consiste en tener que abordar la incertidumbre propia del contexto

[6] Piovani, J. & Baglioni, S. Fundamentos epistemológicos de la ciencia, Unidad 1, en Pensar y hacer en Investigación (comp.) Fernandez Vecchi, A. Epistemología de las Ciencias Económicas, 2011, pp.70

[7] Morin, E.: "Introducción al pensamiento complejo", Séptima Reimpresión. Editorial Gedisa. Barcelona, España. 2004. pp.32.

empresario, lo entramado, y las contradicciones que se presentan en la empresa. Es en este punto donde aparece la necesidad de la perspectiva rizomática con un sistema raicilla[8] en la que impera la lógica de la conjunción (sin por ello abandonar las demás perspectivas).

Al afrontar la complejidad, aparecen las contradicciones en Toyota (señaladas en el punto 3.2 del capítulo 3 de esta parte de la obra) como factores cultivados deliberadamente por la compañía para generar innovación y mejora continua por medio de la dirección *hoshin*. Entre estas contradicciones, el hecho de respetar la jerarquía burocrática y permitir la libertad para disentir esta relacionado con el problema expuesto anteriormente por el que la estructura organizacional jerárquica no se condice con la necesidad de apertura al diálogo. Por este motivo, es fundamental tener en cuenta que las experiencias exógenas – como la de Toyota – contiene cierto proceso interno en el que ciertos estados de cosas – como las contradicciones – se representan en premisas como las expuestas que intentan dilucidar los hechos que realmente pasan y se quieren explicar. Por este motivo, es que al abordaje epistemológico de este trabajo es desde una postura ampliada, permitiendo abarcar así todo el espectro interno y externo que se interrelaciona con la organización.

2.1 Metodología y método de dinámica sistémica.

Desde el punto de vista metodológico, la información que se obtiene es analizada por nivel organizacional estructural, detectando variables centrales en cada nivel y cierta relación con las funciones transaccionales de coordinación, motivación y control respectivamente. A partir de esta vinculación "sistémico-transaccional" se obtiene como resultado una matriz en la que se expone la información recabada de entrevistas personales y observación *in-situ* de Toyota Argentina. El objetivo de esta

---

[8] Deleuze, G. y Guattari, F.: "Rizoma", Introducción (comp.) Fernandez Vecchi, A. Epistemología de las Ciencias Económicas, 2011.

vinculación es detectar los efectos de las funciones transaccionales de coordinación, motivación y control en el Modelo Toyota. Gráficamente:

Niveles de la Estructura Organizacional	Efectos de las funciones transaccionales de Coordinación, Motivación y Control
Estrategia	Modelo global de negocio, gobierno corporativo *(Keiretsu)*
Administración	Diseño organizacional y Modelo de gestión del conocimiento
Operación	Sistema de gestión "Just in time" (JIT)

Figura N° 1.

Basado en Milgrom & Roberts[9], se señala la siguiente ecuación:

1) $CT = f(Co, M, C)$ con Co = función de Coordinación.

M = función de Motivación.

C = función de Control o monitoreo.

De esta manera, los costos de transacción (CT) están en función de la coordinación, la motivación y el control de la organización.

Del estudio efectuado surge que la función transaccional de coordinación es primordial en el nivel estructural estratégico que, en este estudio, se focaliza en el análisis del modelo global de negocio de Toyota, el gobierno corporativo imperante (*keiretsu* japonés) y la relación de cooperación con sus proveedores. Del mismo modo, la función transaccional de motivación juega un rol relevante en el nivel organizacional administrativo concentrándose en el diseño organizacional y el modelo de gestión del conocimiento de Toyota. En el nivel estructural operativo, la función transaccional de monitoreo o control sobresale en el sistema de gestión "*Just in Time*" de la compañía. Por lo tanto, en función de este análisis se puede deducir que:

---

[9] Milgrom P. & Roberts J."Economics, Organization and Management". Prentice Hall Inc.,1992.

Toyota: Principios y fortalezas de un modelo de empresa

(2) $Mn = f(Co)$ con Mn = Modelo de negocio.
       $Mg = f(M)$ Mg = Modelo de gestión.
       $Sg = f(C)$ Sg = Sistema de gestión.

(3)   O sea que $Mn, Mg, Sg = f(CT) = f(Co, M, C)$

Donde el modelo de negocio, el modelo de gestión y el sistema de gestión de la compañía están en función de los costos de transacción (CT) de coordinación, motivación y control. Cabe destacar que el hecho de asignar la función de coordinación al nivel estratégico de la estructura organizacional; la función de motivación al modelo de gestión enmarcado en el nivel organizacional administrativo; y la función de control al sistema de gestión *JIT*, no implica la inexistencia de todas las funciones básicas en todos los niveles organizacionales. Esta asignación ha sido realizada en función de la dominancia que en este estudio cada una de estas funciones tiene en cada nivel de la estructura organizacional en el caso de Toyota.

La herramienta utilizada para la demostración de estos resultados es el método de dinámica sistémica. Este método es empleado para describir, modelar y simular sistemas dinámicos, permitiendo analizar el comportamiento de dichos sistemas en el tiempo. Jay W. Forrester[10] desarrolla esta disciplina en busca de una mejor comprensión de la administración. Según este autor, un proyecto de dinámica sistémica se inicia con un problema que hay que resolver o un comportamiento que hay que corregir o evitar.

La dinámica sistémica provee un método de mapeo de relaciones circulares y sintetiza el comportamiento de ciertas variables que tradicionalmente han sido consideradas demasiado "difusas" para ser medidas. Basado en el concepto circular, este método se caracteriza por las retroa-

[10] Forrester, J.: "Industrial dynamics", The MIT Press, Cambridge, Massachussets (1961).

limentaciones, demoras y no linealidad de las relaciones. "La esencia de la disciplina de pensamiento sistémico radica en un cambio de enfoque: ver las interrelaciones en lugar de las concatenaciones lineales de causa-efecto; y ver procesos de cambio en vez de 'instantáneas'".[11]

Desde esta perspectiva de dinámica sistémica, existen dos círculos básicos de retroalimentación que muestran como los actos pueden equilibrarse (compensarse) o reforzarse entre sí. La conducta que deriva de un rizo reforzador es crecimiento acelerado o deterioro acelerado; mientras que un rizo compensador busca un sistema equilibrado y estable. Para determinar si un diagrama causal es de equilibrio (B) o reforzador (R) es necesario contar los signos positivos y/o negativos existentes en el diagrama. Si la sumatoria de signos de un diagrama es positivo, se esta frente a un circulo reforzador. Si en cambio dicha sumatoria da un resultado negativo, se esta en presencia de un círculo compensador.

La exposición de diagramas causales interconectados que se presentan en este trabajo intenta mostrar una visión integral del sistema organizacional. Desde esta perspectiva, todo el comportamiento dinámico complejo se produce a partir de alguna combinación de diagramas causales de equilibrio (B) y diagramas causales reforzadores (R) que responden al Arquetipo 1: "Límites del crecimiento"[12]. Este arquetipo establece que un proceso de crecimiento acelerado (o expansión) contiene un proceso de balance que restringe esa expansión. La lectura de este tipo de arquetipo provee "insights" de la relación entre ambos diagramas causales que conducen al abordaje de factores limitantes que condicionan el crecimiento.

Este método ayuda a representar una estructura de variables concatenadas que van generando un patrón de comportamiento determinado. Conocer cómo interactúan realmente estas variables es un requisito

---

[11] Senge, P.: "La Quinta Disciplina", Ed. Granica, Buenos Aires, 2006, pag. 97
[12] Senge, P.: "La Quinta Disciplina", Ed. Granica, Buenos Aires, 2006, pag. 125

primordial para explicar los efectos y/o consecuencias que ciertas variables generan sobre otras a manera de retroalimentación. Este proceso de dinámica sistémica es iterativo y flexible. A medida que se continúa trabajando en un problema se va ganando entendimiento en el mismo dando lugar a posibles cuestionamientos de la forma en que ciertos procesos se han estado desarrollando.

Para este caso específico, el uso de esta herramienta tiene la finalidad de obtener un modelo de dinámica sistémica integral de los tres niveles organizacionales de Toyota. Esta aplicación permitirá lograr un entendimiento sobre como Toyota supera los límites al crecimiento que su propia gestión va generando a partir de desarrollos estratégicos y tácticos ingeniosos; y, al mismo tiempo, demostrar el rol fundamental de la baja asimetría de información imperante en la compañía que permite aunar intereses comunes del personal y la organización toda.

2.2 Modelo sistémico de la organización.

A principios del Siglo XX, el enfoque analítico dominaba el análisis de las organizaciones reduciendo sus problemas complejos a componentes aislados más pequeños. En el mismo siglo, en la década de 1950, surge la teoría general de sistemas, enfoque que proporciona cierta noción de totalidad "orgánica" con relaciones de causalidad; complementando de esta manera al enfoque analítico. Sin embargo, cuando se comienzan a estudiar fenómenos complejos, el todo resultaba ser más que la simple suma de las partes. Así, se llega a la conclusión de que el comportamiento de los sistemas complejos debe explicarse no sólo en función de sus componentes y atributos sino también en función de todo el conjunto de relaciones existentes entre ellos.

En este orden de ideas el uso de la teoría general de sistemas para el estudio de las organizaciones ha permitido el desarrollo de los distintos elementos componentes que hacen al funcionamiento organizacional.

Considerando a todo sistema como un complejo de elementos en interacción continua y ordenada, es tan relevante la identificación individual de estos elementos como la relación existente entre los mismos (sistema cerrado) y con el entorno (sistema abierto).

De esta manera, la empresa es considerada como *"redes de sistemas individuales de procesamiento de información, que operan con lenguajes, ideas y acciones compartidos"*[13]. A partir de esta definición se presenta la siguiente matriz con dos ejes, uno con los niveles de información presentes en la estructura organizacional y otro con la interpretación que se efectúa de los mismos a través de tres niveles de cierre del lenguaje, del conocimiento y de los programas (o decisiones)

Niveles de la Estr. Organizacional	Interpretaciones		
	Lenguaje	Conocimiento	Programas
Estrategia	Nominal	Valores	Resol. conflictos
Administración	Natural	Experiencia	Soluc. problemas
Operación	Formal	Ciencia	Cómputo

Figura Nº 2. Información y Organización (Adaptación de Frischknecht)

Estos dos ejes constituyen los fundamentos básicos para la integración de los elementos de la estructura organizacional. Mientras que el eje estructural se conforma con los niveles estratégico, administrativo y operativo (o táctico); en el eje horizontal se incluyen las interpretaciones que se efectúan de cada nivel organizacional en función del lenguaje que se utiliza, el conocimiento que prevalece y los programas necesarios para solucionar las situaciones correspondientes.

De esta manera, el nivel organizacional estratégico se caracteriza por utilizar un lenguaje nominal, abierto, no estructurado y un modelo de

[13] Frischknecht, F.: Dirección Recursiva. Ed. El Ateneo, 1993, pag.12.

conocimiento basado en los valores (definidos como actitudes socializadas compartidas) que emplea el proceso de resolución de conflictos como programa estratégico (ejemplos: métodos como los de prueba y error, azar, especulación, etc.). La comunicación es básica en el nivel organizacional estratégico toda vez que actúa como medio orientador hacia la generación de ideas compartidas. En la segunda parte se analiza el modelo global de negocio que forma parte de este nivel estratégico.

El nivel organizacional administrativo, en cambio, es interpretado por medio de un lenguaje semi-estructurado, natural, semi-abierto, y un modelo de conocimiento en el cual la experiencia (provenientes del sentido común, la pericia profesional, modelos mentales, etc.) constituye la base para la solución de los problemas. La creatividad, la invención y la innovación son ejemplos de los programas utilizados por este nivel organizacional.[14] Cabe destacar que para Frischknecht la solución de problemas es intersubjetiva y permite el uso de la discrecionalidad para cambiar datos y discursos. El modelo de gestión del conocimiento y el diseño organizacional forma parte de este nivel estructural y es analizado en la tercera parte.

Por último, el nivel organizacional táctico (u operativo) se caracteriza por emplear un lenguaje formal, cerrado y estructurado y utilizar un modelo de conocimiento basado en el conocimiento científico. Estas interpretaciones derivan en el empleo de programas tales como la deducción lógica y el cálculo. En este caso, al ser los programas de cómputo independientes del sujeto, no hay lugar para la discrecionalidad y lo único requerido es la emisión de directivas o instrucciones precisas. En este nivel táctico se analiza el sistema de gestión *JIT* como foco de estudio en la cuarta parte de esta obra.

El alineamiento entre los tres niveles organizacionales es básico y debe

---

[14] March, J. y Simon, H. Teoría de la organización. Editorial Ariel, 1958.

ser acompañado por una redefinición a fondo del perfil de gestión que alcance al diseño de la organización que lo abarca. Por el contrario, cuando se quiere efectuar un cambio de estrategia no se produce en el vacío: será el que permita el comportamiento y la administración actuales. En este marco conceptual, es esencial tomar en cuenta que cada contexto genera demandas que son mejor satisfechas por determinadas configuraciones que colaboraran con el diseño organizacional.

Muchos autores siguen esta línea de pensamiento[15] con variaciones inherentes a la interpretación efectuada a la matriz precedente. Desde esta perspectiva, es fundamental la coherencia que debe guardar el perfil empresario con las estrategias genéricas elegidas; al mismo tiempo que deben corresponder con determinados perfiles de gestión. En la siguiente sección se analiza el marco doctrinario del modelo de negocio que sustenta el perfil empresario de Toyota.

2.3 Modelo de Negocio - Arquitectura Modular e Integral.

Actualmente, las empresas fabricantes de automóviles utilizan en mayor medida plantas localizadas en países en desarrollo para fabricar autos (o auto-partes) para el mercado internacional. A este fenómeno se le adiciona el contexto de "E-OPS"[16] que es el término que hace referencia a la aplicación de Internet y nuevas tecnologías en la obtención de suministros para la gestión de operaciones. Para comprender esta nueva forma organizacional moderna, se analiza el concepto de modelo de negocio que le da sustento a la relación entre empresas de un determinado sector industrial, sus proveedores y sus clientes.

---

[15] Ejemplos de este caso son Bertagnini, A. Management: como entenderlo, aplicarlo y aprenderlo. Ed. Pearson, 2009 y Levy, A. ECP. Estrategia, Cognición y Poder", Ed. Granica, 2007.

[16] Chase, Jocobs, Aquilano: "Administración de la producción y operaciones" Ed.McGraw Hill., 2005, p.390.

Toyota: Principios y fortalezas de un modelo de empresa

Integración de Recursos   Operatividad

Estrategia Seleccionada	Recursos	Supply Chain
Concepto de negocio Producto/Mercado Criterio de diferenc.	Recursos-Procesos Personas-Sistemas Capacidades	Abastecimiento Transformación Delivery-Canal
Gobierno	**Valor**	**Rentabilidad**
Bonding - Insight Propuesta de valor Bases de clientes	**LÓGICA**	Alianzas - Socios Redes Constelaciones
Relación c/clientes	**Revenue**	**Red de valor**
Factibilidad	Money engine Ingresos costos Pricing	Sinergia de valor

NECESIDADES CLIENTES   EMPRESAS EXTENDIDAS

Figura Nº 3. Modelo de Negocio (Dr. Horacio Meléndez)[17]

La utilidad de todo modelo de negocio es analizar el desempeño de una organización en la creación y entrega de valor tanto a los agentes participantes como al cliente.[18] La división del trabajo, en cierta medida, produce una fragmentación dentro de las empresas otorgando una limitación funcional a sus operaciones. Meléndez[19] supera esta limitación dándole una visión totalizadora a la organización por medio del diseño de un modelo de negocio consistente con la estrategia empresarial.

Al definirlo como "la representación de la arquitectura procesal de una

---

[17] Meléndez, H., op. cit, pág.40.

[18] Magretta, J.: "Why business model matters?" Harvard Business Review, May 2002.

[19] Meléndez, H.: "Modelo de Negocio", Revista Cuestiones sociales y económicas, Facultad de Ciencias Sociales y Económicas, Año V, Julio 2007.

firma y de la red o redes en las que esta involucrada",[20] el autor propone el siguiente modelo de negocio con la exposición de sus componentes:

Todo modelo de negocio se sustenta en la estrategia seleccionada por la empresa, en la cual se define el negocio propiamente dicho, la relación producto/mercado y el criterio de diferenciación a seguir por la misma. Si bien, en principio, tanto los recursos (tangibles e intangibles) como la capacidad van a condicionar a la estrategia de largo plazo, será la estrategia la que influya sobre el flujo de recursos y capacidades. Asimismo, la cadena de suministro o abastecimiento constituye el conjunto de procesos comprendidos en todo el movimiento físico de productos o servicios de la firma.

La cadena de suministro se conforma desde el traslado de materias primas hasta la entrega del producto o servicio a los canales de distribución o al cliente, incluyendo el ciclo de transformación y todo tipo de transacción dentro de la red de valor. La red de valor surge de la interacción entre las distintas firmas que conforman una red (alianzas o asociaciones) en la que una empresa en cuestión se encuentra involucrada.

La extensión de la firma a través de la separación de las actividades que conforman toda cadena de valor ha generado un incremento en la comunicación entre distintas asociaciones que interactúan entre sí y se complementan en la operatoria diaria de la organización. Esta "de-construcción" e integración sucesiva de la cadena de valor ha suscitado implicancias en el diseño de las cadenas de suministro. Mas allá del tipo de organización económica que se utilice - ya sea como parte de una empresa (integración jerárquica) o como módulos independientes que requieren cierta coordinación (mercado) – es importante la generación y entrega de valor al cliente como parte componente del modelo de negocio.

---

[20] Meléndez, H.: "Modelo de Negocio", Revista Cuestiones sociales y económicas, Facultad de Ciencias Sociales y Económicas, Año V, Julio 2007, Pág.32.

Toyota: Principios y fortalezas de un modelo de empresa

Como hemos señalado precedentemente, existen distintas corrientes de pensamiento centradas en la globalización. Estas corrientes fundamentan su análisis en la expansión internacional de las estrategias y operaciones, haciendo de la globalización la característica dominante del *management* actual. Dentro de este contexto, Charles Fine[21] analiza el modelo de negocio de dos compañías automotrices exitosas: Daimler-Benz y Chrysler; realizando una comparación de sus respectivos modelos de negocios con el pertinente de Toyota Motors y otras compañías.

A principios de 1.990, el modelo de negocios de Chrylser´s enfatizaba cinco elementos fundamentales: a) la velocidad; b) el diseño innovador del vehículo; c) un alto grado de `producción fuera de la empresa` (*outsourcing*) con un gran número de proveedores; d) un alto grado de confianza con estos proveedores; y e) el foco centrado en la reducción de costos a través de la innovación del proveedor.

Según Fine, el trabajo conjunto de estos elementos del modelo de negocios de Chrysler constituía - como un sistema simple - una arquitectura "modular". Vale decir que la empresa funcionaba independientemente de los subsistemas productivos desarrollados por sus propios proveedores. Mientras Chrysler se focalizaba en diseñar nuevos modelos de automóviles, sus proveedores de auto-partes eran motivados a reducir costos por medio de diferentes incentivos: compartir información, compromisos a largo plazo, y contratos que otorgaban - a estas compañías - una suma importante de sus ahorros.

Desde otra perspectiva, el modelo de negocios de Mercedes, la primer compañía de Daimler-Benz, presentaba en los ´90 un modelo de negocios diferente al de Chrysler. En principio, se centralizaba en tres tópicos elementales: (i) el diseño de los vehículos; (ii) la ingeniería utilizada;

---

[21] Fine, Ch. "Are you Modular or Integral?", Strategy & Business, Issue 39, MIT Sloan Management Review, Spring 2004.

y (iii) el proceso de fabricación de los vehículos; conformando un modelo de negocio "integral". Focalizado en la perfección, Daimler-Benz no producía en masa en ese período. De esta manera, los autos Mercedes-Benz eran costosos en cuanto a su valor de producción.

Al aparecer en el mercado de esa época autos que eran de lujo pero a un bajo costo como Toyota´s Lexus, Honda´s Acura y Nissan´s Infiniti se comienzan a expandir los principios de producción *Just in Time* y *Kaizen* (mejora continua) en las operaciones, enfatizando la "velocidad" en el desarrollo del producto, en una cadena de proveedores mas acotada con ahorro de tiempos y reducción continua de inventarios. De esta manera, el modelo de negocio de Toyota denota la importancia de tener un alineamiento entre la arquitectura modular e integral a través de la cadena de proveedores y la fabricación del producto.

Es importante señalar que el modelo de negocio de Toyota consiste en una combinación entre la arquitectura modular (proveniente de la cadena de proveedores) y la arquitectura integral de su propia producción. Ambas arquitecturas son complementarias y generan un círculo sinérgico entre empresa-proveedores que otorga beneficios mutuos a ambas partes. Históricamente, Toyota ha mantenido relaciones humanas extremadamente amigables con sus proveedores, en algunos casos adquiriendo acciones de estas empresas. Cabe destacar que ingenieros de Toyota permanecen gran parte de su tiempo trabajando conjuntamente en las fábricas de sus proveedores para asegurar que los subsistemas y los componentes que producen tengan el más alto grado de integridad demandada por la empresa para sus vehículos.

2.4 Organizaciones diseñadas por proceso y aprendizaje organizacional.

Desde la perspectiva organizacional por proceso, el énfasis esta puesto

Toyota: Principios y fortalezas de un modelo de empresa

en la necesidad de eficacia y eficiencia que requiere una organización competente. Lo interesante de este enfoque es que esa eficacia y eficiencia se construyen desde la operación y constituyen tecnologías del *management*, que con el tiempo, se van transformando en nuevos paradigmas. Entre los nuevos paradigmas que John Naisbitt[22] señala, se encuentra la realidad de las nuevas compañías que tienen que desmantelar sus burocracias para sobrevivir.

Actualmente, las grandes compañías se están achicando y creando nuevas estructuras, varias como redes de unidades autónomas. De esta manera, las economías de escala están dejando lugar a economías de gama ("economy of scope") encontrando la dimensión correcta para la sinergia, la flexibilidad del mercado y especialmente, la rapidez y oportunidad de respuesta al cliente. Cuanto más grande es el sistema-organización más eficiente deben ser sus partes. Los beneficios de las compañías pequeñas se basan en la rapidez oportuna para responder al mercado, tomar decisiones y eliminar actividades burocráticas.

A medida que el mundo se integra económicamente, las partes componentes se convierten en más numerosas, más pequeñas e importantes. Varias empresas están cambiando su estructura monopólica y reorganizándose en una red de organizaciones independientes. En este caso el control se descentraliza merced a nuevos sistemas computadorizados, dando lugar a la entrega de poder al personal que esta a lo largo de la cadena de información. La economía mundial, a medida que crece y va generando una apertura de los mercados, va transformando a las compañías dominantes en pequeñas y medianas.

Ante esta perspectiva, un replanteo en el diseño y manejo de la organización se genera pasando de una organización de orientación funcional a otra de orientación por proceso. La complejidad existente en los dis-

---

[22] Naisbitt, J.: "Global Paradox", New York, Avon Books, 2000.

tintos procesos de una empresa, origina la necesidad de establecer una jerarquía del proceso. Si se considera que los procesos son las actividades claves que se requieren para dirigir una organización, podemos señalar que todos estos procesos conforman un macro-proceso.

Desde el punto de vista de Harrington[23], un macro-proceso puede subdividirse en subprocesos que tienen una relación lógica, a través de actividades secuenciales que contribuyen a la misión del macro-proceso. Todo macro-proceso o subproceso esta compuesto por un determinado número de actividades. Las actividades son acciones que tienen lugar dentro de todos los procesos, y constituyen la parte más importante de los diagramas de flujo. A la vez, cada actividad consta de un determinado número de tareas las cuales están a cargo de un individuo, quien se encarga de visualizar hasta la micro visión más pequeña del mismo.

La propuesta de Harrington sobre "arquitectura organizacional" se basa en dejar de pensar en la funcionalidad de la organización y empezar a observar el proceso que se está intentando mejorar. El problema de encontrar un responsable de "partes críticas" en una empresa, no es un problema menor. El dilema es que si bien todos están haciendo un buen trabajo nadie se asegura de que las actividades se interrelacionen. Una parte importante del Manejo de los Procesos de la Empresa (MPE) consiste en asignar una persona a cada proceso crítico de la misma. Se podría definir el MPE como una metodología sistemática que se ha desarrollado con la finalidad de ayudar a una organización a efectuar avances significativos en la forma de dirigir sus procesos[24].

---

[23] Harrington, H.J.: "Mejoramiento de los procesos de las empresa"; Ed. Mc.Graw-Hill, 1998.
[24] Harrington, H.J.: "Mejoramiento de los procesos de las empresa"; Ed. Mc.Graw-Hill, 1998.

Toyota: Principios y fortalezas de un modelo de empresa

Las cinco fases del MPE son las siguientes:

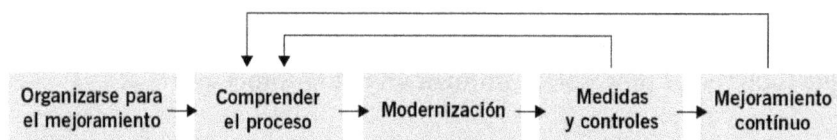

Figura Nº 4: Las cinco fases del MPE (H. Harrington).

El MPE, como "herramienta" organizacional, garantiza el uso efectivo y eficiente de los recursos medios, personas, equipo, tiempo, capital e inventario. El sistema de gestión *JIT* contiene esta herramienta para el *performance* del flujo continuo de producción. Según Harrington, los tres objetivos más importantes del MPE son:

- Hacer efectivos los procesos, generando los resultados deseados;
- Hacer efectivos los procesos, minimizando los recursos empleados;
- Hacer los propósitos flexibles, con cierta capacidad para adaptarse a los cambios requeridos por los clientes y a las necesidades de la empresa.

La mayoría de las empresas se organizan en grupos de operación vertical, con equipos de expertos capaces de llevar a cabo cualquier tarea dentro de esa disciplina. Esto da origen a la generación de organizaciones eficaces y seguras de su buen funcionamiento como equipo. H.J. Harrington[25] considera a toda la organización como una operación compleja que tiene muchos procesos, uno de los cuales es aquel que genera el producto que se vende al cliente. La organización diseñada por procesos busca adaptar la estructura organizacional jerárquica a través de un equipo de mejora de proceso que se conforma con equipos interdisciplinarios. De esta manera, se logra que el diseño organizacional se vaya modificando de manera flexible, y oportuna a los cambios que se generan tanto en el

---

[25] Harrington, H.J., op.cit.

producto/servicio que se ofrece como en el gusto del cliente "global".

Sin embargo, muchos procesos no fluyen verticalmente sino horizontalmente. Analizando los factores que facilitan el aprendizaje organizacional dentro de la firma, diversos aspectos son tenidos en cuenta. Considerando a una organización como un sistema de acuerdos que coordinan conductas, Gore[26] señala su carácter lingüístico. Desde este punto de vista, el autor sostiene que las organizaciones son ambientes semánticos capaces de re-significar mensajes; definiendo un ambiente semántico como una estructura social donde la gente quiere hacer algo, con el fin de producir transacciones relevantes para ellos mismos.

Sin embargo, su definición más representativa es la de considerar a las organizaciones en si mismas como fenómenos comunicacionales que además actúan como ambientes semánticos. Ahora bien, si la organización es considerada como un sistema de acuerdos y supuestos entre personas (sin tener en cuenta la forma que ellos tomen), entonces una organización es siempre una historia de conversaciones y compromisos derivados de esas conversaciones.[27]

Cabe destacar que, esa red de compromisos que conforma una organización puede tomar distintas formas, traduciéndose en contratos, estatutos, organigramas, métodos y procedimientos o simplemente hábitos arraigados, usos, costumbres y maneras de hacer las cosas. Este es el fundamento que convalida la afirmación de Gore de que si no ha habido conversaciones, entonces no existe la organización. Definiendo a la organización como una coordinación de acciones entre personas, si no hay conversación, no hay coordinación posible. Para Flores[28] la

[26] Gore, E.:"Organizaciones, lenguaje y capacitación". Udesa Press, 2000.
[27] Gore, E. .:"Organizaciones, lenguaje y capacitación". Udesa Press, 2000.
[28] Flores, B.: "Creando organizaciones para el futuro". Santiago de Chile:Dolmen, 1994.

organización, como fenómeno social, se construye con palabras, a través de conversaciones.

Este razonamiento encuentra su complemento en la definición de "comunidad de práctica". Siguiendo a Etienne Wegner[29], una comunidad de práctica es un conjunto de personas organizadas alrededor de una tarea común e interdependiente. Estas personas comparten una inclusión recíproca y una serie de respuestas compartidas. Es importante destacar que, si bien estas comunidades de práctica pueden tener un diseño, pautas o regulaciones externas, las tareas que se pueden observar no reflejan exactamente esas restricciones externas sino que resulta de la respuesta de esa comunidad a esos factores a partir de su propia construcción de significado, sentido e identidad.

Las organizaciones están armadas con personas que arman significado. Dentro de una organización, las tareas importantes se hacen colectivamente, y hay mucha interdependencia entre las mismas. Parecería ser que existe una división vertical de decisiones y una división horizontal de tareas. Un momento específico de, por ejemplo hoy a la mañana, no es el mismo en el que se hizo el organigrama. Para Wegner, un organigrama es una comunidad de origen. Comunidades de práctica significa comunidades de oficio, de quehacer, de gente que hace cosas juntas, como un grupo de referencia.

Desde esta perspectiva, "la práctica se refiere al significado como experiencia de la vida cotidiana".[30] Ese significado se sitúa en un proceso al que Wegner llama "negociación de significado" además de asignarle la interacción de dos procesos constitutivos: la participación y la codifica-

---

[29] Wegner, E.:"Comunidades de Práctica. Aprendizaje, significado e identidad", Ed. Paidòs, 1998.
[30] Wegner, E.:"Comunidades de Práctica. Aprendizaje, significado e identidad", Ed. Paidòs, 1998.

ción. Asimismo, toda comunidad de práctica se conforma fehacientemente cuando se conjugan tres factores:

1. *Sentido de empresa común.* Ej. "Somos la gente de Marketing que realiza ese Informe";
2. *Cierto sentido de mutualidad* (frente a los "otros" una comunidad tiene mucha responsabilidad recíproca, pero es como si existiera un "afuera" y un "adentro" de la comunidad de práctica); y
3. *Un repertorio de conductas compartidas.*

En cierta medida, observar a la organización desde esta "mirada" cuestiona a la existencia de una jerarquía representada por una pirámide organizacional. Para Gore, existen constelaciones más o menos ligadas cada una de las cuales tiene "pensamiento parroquial". Cada constelación es una comunidad de práctica que se interrelaciona y interactúa con las demás a través de "puentes". Entre las comunidades de práctica existen estos puentes que logran "un sentido compartido" al conformar una empresa. Entre ellos podemos señalar:

- la Coordinación entre "parroquias";
- el Compromiso. El sentido de pertenencia tiene que ser significativo para todas las comunidades de práctica;
- la Visión Compartida, que incluye: i) la inclusión real que, con cierta transparencia, también genera pertenencia; ii) la imaginación de donde pertenezco; y iii) elementos objetivos o "herramientas" de alineamiento para actuar en forma coordinada. Es importante señalar que estas herramientas por sí mismas, no tienen un sentido ni constituyen nada en concreto. Ejemplos de estas herramientas son las personas; el vínculo existente entre las mismas, ciertas prácticas determinadas que funcionan como "brokers" (gente que se interrelaciona y soluciona problemas); etc.
- La Negociabilidad entre fronteras de comunidades de práctica.

Toyota: Principios y fortalezas de un modelo de empresa

Se podría generalizar y considerar que este postulado complementario se relaciona con el enfoque centrado en el aprendizaje organizacional. Peter Senge es el precursor más notorio de este enfoque. En principio, este autor analiza las disciplinas centradas en el individuo (el dominio personal y los modelos mentales). Luego, al estudiarlas en relación con el comportamiento grupal, aparece la vinculación con otras dos disciplinas: el trabajo en equipo y la visión compartida.

Lo interesante y original de esta postura es que, si bien existe una visión compartida, ésta tiene lugar en esa "comunidad de práctica" por medio de la cual el aprendizaje deja de ser organizacional para ser un aprendizaje colectivo. Esta diferencia es importante ya que este aprendizaje colectivo genera ciertas prácticas que reflejan tanto la obtención de logros en una compañía como las relaciones sociales que la acompañan. Por lo tanto, el diseño organizacional informal se configura por medio de una serie de interrelaciones e interdependencia entre comunidades de práctica que atraviesan transversalmente y en un sentido propio a la organización, independientemente de su propia estructura organizacional formal. En la tercera parte se analiza el diseño organizacional con mayor profundidad teniendo en cuenta estos aspectos formales – informales de la empresa.

Capítulo 3

Los principios fundamentales del modelo Toyota

Toyota es una de las compañías mundiales que más ha llamando la atención de empresas de distintos sectores. La intención de estas empresas ha sido generalmente emular creativamente su famoso sistema de producción. Esto ha sido así por una buena razón: Toyota ha superado repetidamente a sus competidores en calidad, confianza, productividad, reducción de costos, crecimiento en ventas y participación de mercado. Ahora bien, una pregunta interesante que plantea Steven Spear[31] es: *"Si Toyota ha sido tan ampliamente estudiada y copiada, porque a tan pocas compañías le ha sido posible lograr desarrollar su performance y obtener sus resultados?*

Según Spear y Bowen[32] parte del problema en el logro de una emulación correcta ha sido que la mayoría de los competidores se han focalizado en las herramientas y tácticas de Toyota (sistemas "pull", "kanban", células de producción y otros elementos) y no en su conjunto básico de principios operativos. Jeffrey Liker[33] describe en el clásico manual *The Toyota Way* catorce principios o reglas, los cuales −aplicados en su conjunto- aseguran que el trabajo regular este fuertemente ligado a aprender cómo hacer el trabajo mejor. Estos principios conducen a mejoras continuas

---

[31] Spear; S. J., "Learning to lead at Toyota" en Harvard BusinessReview, Mayo 2004.

[32] Spear, S. y Bowen, K., "Decoding the DNA of the Toyota Production System" en Harvard Business Review Abril 1999

[33] Liker, J., The Toyota Way, McGraw-Hill, New York, 2004.

Toyota: Principios y fortalezas de un modelo de empresa

brindando fundamentos para que exista confianza, flexibilidad, seguridad y eficiencia, y, como resultado mediato, las mejoras consecuentes en participación de mercado y rentabilidad.

Para un mejor entendimiento, Liker dividió los principios en cuatro categorías llamadas las "4 P" (por sus siglas en inglés). Estas cuatro secciones conforman el Modelo Toyota como gráficamente se expone y se explicita a continuación:

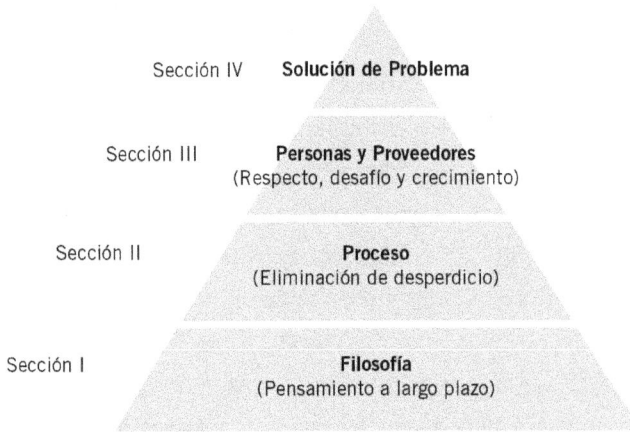

Sección IV	**Solución de Problema**
Sección III	**Personas y Proveedores** (Respecto, desafío y crecimiento)
Sección II	**Proceso** (Eliminación de desperdicio)
Sección I	**Filosofía** (Pensamiento a largo plazo)

Fig.1. Modelo de las "4 P" del Modo Toyota (Adaptación de Jeffry Liker)[34]

Para poder analizar los efectos del modelo Toyota en el modelo sistémico organizacional, las siguientes secciones -en las que se organizan los principios– se desarrollan en los siguientes capítulos de esta obra en función de cada nivel estructural y del alineamiento organizacional de los mismos.

Sección I. Filosofía de largo plazo
El principio básico de esta sección se analiza complementariamente en todos los capítulos de esta obra ya que constituye la base del modo Toyota.

---

[34] Liker, J., The Toyota Way, McGraw-Hill, New York, 2004, p. 6.

Principio Nº1: Basar decisiones de dirección en filosofía de largo plazo, aún a expensas de metas financieras de corto plazo.

- Trabajar, crecer y alinear toda la organización hacia un propósito común que va más allá de generar dinero.
- Crear valor para el cliente, la sociedad y la economía es el punto de partida. Para ello se debe evaluar cada función de la compañía en términos de su habilidad para alcanzar este objetivo.
- Ser responsable. Actuar con confianza y confiar en las propias habilidades. Aceptar ser responsable por la conducta propia y mantener y mejorar las habilidades que posibilitan la producción de valor agregado.

Sección II. El proceso correcto producirá los resultados correctos

En la cuarta parte de esta obra se desarrollará en detalle esta sección. En ese capítulo se analiza el sistema de gestión *JIT*, que constituye el elemento central del nivel operativo (o táctico) estructural de la organización. Los principios directivos de esta sección son los siguientes:

Principio Nº2: Crear un flujo de proceso continuo que lleve los problemas a la superficie

- Rediseñar los procesos de trabajo para alcanzar un flujo continuo de alto valor agregado.
- Crear un flujo para comunicar información y mover materiales en forma oportuna así como también unir procesos y gente de manera que los problemas surjan en el momento.
- Hacer que el flujo de evidencia traspase la cultura organizacional. Esta es la clave para un proceso de mejora continua y desarrollo de gente.

Principio Nº3: Usar sistemas *pull* (o tire) para evitar la sobreproducción

- Proveer a los "clientes" dentro del proceso productivo en el momento, atendiendo a la cantidad y el modo en que ellos lo quieran. El abastecimiento de materiales iniciado por el consumo es el principio básico del *JIT*.

- Minimizar el trabajo en proceso y almacenar inventarios en pequeñas cantidades de cada producto y realizar frecuentes realmacena-
mientos en función de lo que el cliente realmente necesita.[35]
- Dar respuesta a los cambios diarios de la demanda del cliente en
lugar de descansar en planes de compra y sistemas para evitar así
inventarios innecesarios.

Principio Nº4: Elevar el nivel de trabajo (*heijunka*). "Trabaje como tortuga no como liebre"

- Eliminar el gasto es solo un tercio de la ecuación para llegar a la producción lea" exitosa. Eliminar exceso de gente, de equipo y reducir
las irregularidades en los esquemas de producción.
- Trabajar para elevar el nivel de trabajo de todos los procesos de
producción y servicio como una alternativa a la forma "parar / re-
comenzar" de trabajos en proyectos que es típico en la mayoría de
las compañías.

Principio Nº5: Construir una cultura para evitar los problemas fijos,
conseguir la calidad correcta la primera vez

- La calidad para el cliente lleva a una proposición de valor.
- Utilizar todos los métodos modernos para asegurar la calidad ofrecida.
- Construir dentro de las máquinas y equipos la capacidad de detectar
problemas y parar por sí mismos. Desarrollar un sistema visual para
alertar a los líderes de equipo o proyecto que una máquina o proceso
necesita asistencia. *Jidoka* (máquinas con inteligencia humana) es el
fundamento para "construir en" calidad.
- Construir dentro de la organización sistemas de apoyo que rápidamente resuelvan problemas y restablezcan el funcionamiento normal.
- Generar como parte de su cultura la filosofía de parar o bajar la ve-

---

[35] En este caso el concepto de "cliente" se utiliza en el proceso productivo como el
fabricante de un subproducto o prestador de servicio en la línea de producción.

locidad para conseguir la calidad correcta la primera vez, de manera de mejorar la productividad a largo plazo.

Principio Nº6: Las tareas estandarizadas son el fundamento para la mejora continua y el *empowerment* del empleado

- Usar métodos repetitivos y estables en todo para mantener la predicción, el tiempo regular y el output regular de un proceso. Esta es la base para el flujo y el sistema *pull*.

- Capturar el aprendizaje acumulado sobre un proceso hasta lograr que las mejores prácticas del momento sean estandarizadas; luego incorporarlo en el nuevo standard de manera de que cuando un individuo se incorpore en esa etapa, se le pueda entregar el aprendizaje a la próxima persona.

Principio Nº7: Uso del control visual para que los problemas no se escondan

- Usar indicadores visuales simples para ayudar a la gente a determinar inmediatamente si ellos están en una condición estándar o con desvíos.

- Evitar el uso de una pantalla de computadora cuando esta distrae el foco de atención del trabajador fuera de su lugar de trabajo.

- Diseñar sistemas visuales simples en el lugar donde el trabajo esta hecho, para apoyar el flujo y el sistema *pull*.

- Reducir los informes a un pedazo de papel cuando sea posible, aún para decisiones tan importantes como las financieras.

Principio Nº8: Utilizar tecnología confiable, testeada cuidadosamente que sirva a los procesos y la gente

- Usar tecnología para apoyar a la gente, no para reemplazarla. A menudo es mejor trabajar en un proceso manualmente antes de agregar tecnología de apoyo al proceso.

- La nueva tecnología es a menudo no confiable y difícil de estandarizar y en consecuencia pone en peligro el "flujo". Un proceso probado que funciona es preferible a tecnología nueva no testeada.

- Realizar tests reales antes de adoptar nuevas tecnologías en procesos de negocios, sistemas de manufactura, o productos.
- No aceptar o modificar tecnologías que entren en conflicto con la cultura corporativa o que podrían interrumpir la estabilidad, confiabilidad y / o predicción del sistema.
- Sin embargo, incentivar a la gente a tomar bajo consideración nuevas tecnologías cuando se busquen nuevos aportes para el trabajo. Implementar rápidamente una tecnología analizada cuidadosamente si ha sido probada y ha podido mejorar el flujo en el proceso.

Sección III. Agregar valor a la organización desarrollando a su gente y socios

Esta sección es analizada en detalle en la segunda parte de esta obra con el desarrollo del modelo global de negocios, incluyendo la relación de cooperación de Toyota con sus proveedores. Los principios contemplados en ese capítulo serán los siguientes:

Principio Nº9: Generar líderes que entiendan conscientemente el trabajo, vivan la filosofía, y enseñen esto a otros

- Generar líderes desde adentro de la organización, en lugar de buscarlos fuera de ella.
- No ver el trabajo del líder como simple consecución de sus tareas y teniendo gente con buenas habilidades. Los líderes deben ser modelos de la filosofía de la compañía y modos de hacer negocios de la misma.
- Un buen líder debe entender el trabajo diario en gran detalle así el o ella podrá ser el mejor maestro de la filosofía de su compañía.

Principio Nº10: Desarrollar gente excepcional y grupos que sigan la filosofía de su compañía

- Crear una cultura sólida y fuerte en la que los valores y creencias de su compañía sean ampliamente compartidos y vividos en el tiempo.

- Entrenar individuos y grupos excepcionales para trabajar dentro de la filosofía corporativa a fin de alcanzar resultados excepcionales. Trabajar tenazmente para fortalecer la cultura de manera continua.

- Utilizar grupos transversales funcionales para mejorar la calidad y productividad, y mejorar el flujo para mejorar problemas técnicos difíciles. El *empowerment* ocurre cuando la gente usa las herramientas de la compañía para mejorarla.

- Hacer un esfuerzo constante para enseñar a los individuos cómo trabajar en conjunto como grupos hacia metas comunes. El trabajo en equipo es algo que tiene que ser aprendido.

Principio N°11: Respetar la red extendida de socios y proveedores desafiándolos y ayudándolos a mejorar

- Tener respeto por sus socios y proveedores y tratarlos como una extensión de sus negocios.

- Ayudar en procesos de cambio a sus socios externos para que crezcan y se desarrollen. Esto demuestra el valor que tienen para la empresa.

- Establecer rangos de cambios y asistir a sus socios al logro de los mismos.

Sección IV. Solucionar continuamente los problemas lleva al Aprendizaje Organizacional

En la tercera parte de esta obra se desarrollará esta sección tomando en consideración el modelo de gestión del conocimiento implementado en Toyota. Este modelo conforma el punto de análisis central del nivel administrativo organizacional para el objetivo de este estudio. Los principios pertinentes a ese capítulo son los siguientes:

Principio N°12: Ir y ver por uno mismo para entender detalladamente la situación (*genchi genbutsu*)

- Resolver problemas y mejorar los procesos yendo a la fuente y personalmente, viendo y verificando información en lugar de teorizar sobre la base de lo que otra gente o la computadora cuenta.

- Pensar y hablar basándose en información verificada personalmente.
- Ejecutivos y directivos de alto nivel deberían ir y ver las cosas por ellos mismos, de manera de que ellos tengan mas que un entendimiento superficial de la situación.

Principio N°13: Tomar decisiones despacio, por consenso y considerando todas las opciones detenidamente, lleva a implementar decisiones rápidamente

- No elija una sola dirección y dé un primer paso hasta que no considere cuidadosamente las alternativas. Cuando haya seleccionado una, actúe rápido pero cautelosamente en el paso siguiente.
- *"Nemawashi"* es el proceso de discutir problemas y soluciones potenciales con todo lo que esto significa, para recolectar las ideas y lograr un acuerdo en el siguiente paso. Este proceso de consenso, aunque lleva tiempo, ayuda a ampliar la búsqueda de soluciones, y cuando una decisión es tomada, la implementación es rápida.

Principio N°14: Convertirse en una organización 'aprendiente' a través de reflexiones perseverantes (*hansei*) y mejora continua (*kaizen*)

- Una vez que se ha establecido un proceso estable, usar herramientas de mejora continua para determinar la ruta del origen de ineficiencias y aplicar medidas efectivas.
- Diseñar procesos que casi no requieran inventarios. La existencia de inventarios lleva a pérdidas de tiempo y recursos. Cuando el gasto (despilfarro) es expuesto, los empleados tienen que utilizar un proceso de mejora continua (*kaizen*) para eliminarlo.
- Proteger la base del conocimiento organizacional para desarrollar personal estable, mostrar promoción, y sistemas muy cuidadosos de sucesión.
- Usar *hansei* (reflección) como un hito clave y luego de finalizar un proyecto para identificar abiertamente todos los atajos del proyecto.

Desarrollar medidas para evitar los mismos errores de nuevo.
- Aprender de la estandarización de las mejores prácticas, en lugar de reinventar la rueda con cada nuevo proyecto y cada nuevo gerente.

Si bien se pregona el uso de todos estos principios en la compañía, es posible que otras empresas sólo utilicen algunos principios del "Modelo Toyota". Los efectos del uso parcial de los mismos se refleja en un funcionamiento con saltos a corto plazo y con medidas que no son sostenibles. Por otro lado, una organización que verdaderamente practique todos los principios del Modelo Toyota estará siguiendo de cerca el sistema de producción (en este caso, su centro de gravedad) y de esta manera ira formulando una ventaja competitiva sustentable alrededor del mismo. Cabe destacar que estos principios han conformado las bases para el surgimiento de un gran fenómeno: las fuerzas de expansión e integración que se generan en Toyota.

3.1 La expansión e integración de Toyota

Los principios fundamentales del modelo Toyota enunciados en la sección anterior, colaboran con la compañía en el mantenimiento a largo plazo de rutinas conocidas mundialmente. Con el tiempo, estos principios han originado un proceso de estandarización, generando eficiencias operativas que forman parte de la cultura corporativa. Sin embargo, esta estandarización puede también llevar a la rigidez que interfiere con las modificaciones necesarias o la aparición de nuevas prácticas que podrían mejorar las operaciones.

Estas rigideces están cambiando por la presión ejercida dentro de la misma compañía para alcanzar nuevos clientes y nuevos segmentos de mercado, así como llegar a más áreas geográficas (sin mencionar los cambios del sector industrial, así también como nuevas ideas y prácticas emergentes). Toyota abraza estas presiones para incitar el cambio continuo y las mejoras, hecho que genera la expansión y diversificación de sus actividades en más regiones del mundo.

De esta manera, la compañía crece deliberadamente, sujetándose a sí misma hacia fuerzas expansivas para el crecimiento. Las fuerzas expansivas lideran a Toyota hacia nuevos cambios y mayor diversidad y complejidad. Como complemento, existen las fuerzas integradoras que permiten que la compañía vaya junta e internalice experiencias y perspectivas y le dé sentido al ambiente complejo en el cuál Toyota opera.

Osono, Shimizu y Takeuchi[36] señalan la existencia de tres fuerzas expansivas:

- *Metas imposibles.* Toyota establece metas para sí misma que la mayoría consideraría imposible de alcanzar, y lo hace a sabiendas de que los medios para lograrlas podrían no existir aún.
- *Experimentación.* Toyota incentiva un alto nivel de experimentación y aprendizaje de las fallas provenientes del proceso de "prueba y error".
- *Clientelismo Local.* Toyota se adapta al gusto del cliente local generando cambios en productos y operaciones e incorpora la sofisticación y diversidad de mercados locales alrededor del mundo.

Para ejemplificar las metas imposibles es interesante analizar el episodio en el que Toyota rivalizó con General Motors -el mayor fabricante mundial de autos en unidades de venta en 2007-. En esta oportunidad, Toyota no había definido como meta el hecho de convertirse en Nº 1 del mundo, sino que fue producto de su objetivo preestablecido de lograr un 15% de participación en el mercado global para el 2010, una meta establecida en 2003 y conocida comúnmente como la meta "Global 15". Esta meta tenía el propósito de inspirar a los empleados más que expresar un compromiso para alcanzar un *target* numérico específico.

A fines de 2002, cuando este objetivo fue formulado, Toyota alcanzó casi el 11% del mercado global en términos de unidades vendidas, mientras

---

[36] Osono, E.; Shimizu, N. y Takeuchi, H., Extreme Toyota, John Wiley, 2008.

que General Motors y Ford poseían el 15% y 12% respectivamente. Año tras año la participación de mercado de la compañía fue aumentando, alcanzando ventas incrementales promedio de U$S 650.000 por año desde 2002. En esa oportunidad, el sueño inspirado de "Global 15" se programaba alcanzar en 2010 y demostrar así qué tan efectivas resultaban las metas imposibles como impulsoras de la expansión de Toyota.

En cuanto a las fuerzas integradoras, los autores mencionados indican las siguientes:

- *Filosofía de los fundadores.* Las palabras históricas de los fundadores representan los valores centrales compartidos y practicados por todos, que conforman el origen de la cultura corporativa única de Toyota.
- *Sistema central.* La intrincada red subyacente en Toyota de comunicación abierta promueve una "proliferación transversal" de conocimiento y práctica que asegura el conocimiento de todo por todos.
- Política de recursos humanos *Up and in.* La política de dirección de los recursos humanos de Toyota garantiza la seguridad de trabajo mientras enfatiza el desarrollo continuo del potencial creativo individual a través del aprendizaje y la mejora. Esta postura es contraria a la convencional política de dirección donde aquellos que fallan se van (*"Up or Out"*). La compañía ha entendido realmente su rol y se focaliza en tecnología de punta para producir los mejores productos y procesos productivos y no involucrarse en el comercio y las ventas locales, permitiendo que estas actividades crezcan en otros países.

A continuación se describe como cada una de estas fuerzas expansivas e integradoras trabajan conjuntamente para hacer crecer a la compañía en forma incremental.

Toyota: Principios y fortalezas de un modelo de empresa

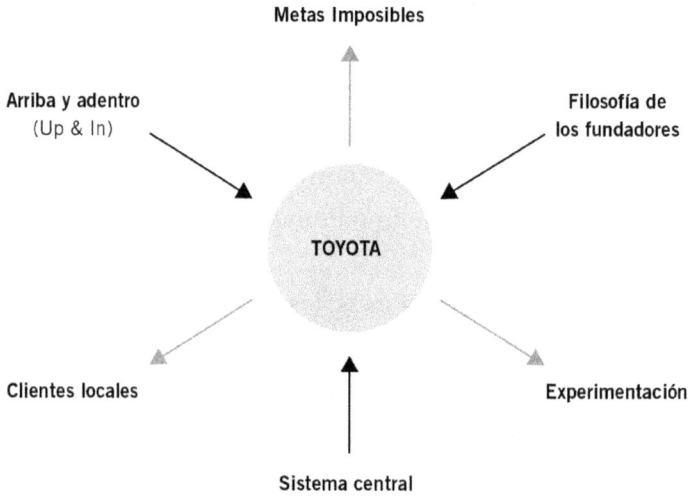

Fig.2. Las seis fuerzas en Toyota (Adaptación de Osono, Shimizu y Takeuchi)[37]

Cabe destacar que las metas imposibles infunden a la organización con la motivación necesaria para discontinuar las rutinas establecidas y tratar nuevos avances. Esto es lo que comienza como un ciclo de evolución en Toyota y está normalmente expresado como un valor social. Actualmente, esta proposición de valor social tiene su equivalente en la meta de Toyota de "optimización continua". Esta meta se complementa considerando al problema desde nuevas perspectivas y desarrollando nuevos aportes.

Como la naturaleza del esquema lo sugiere, las seis fuerzas se complementan entre sí en su oposición. Cuando las fuerzas expansivas son demasiado fuertes, las fuerzas integradoras son originadas para mantener la cohesión. Esto dificulta la *performance* del sistema central para funcionar efectivamente ya que las fuerzas expansivas están agregando nuevos mercados distantes a nivel global. La expansión acelerada de Toyota desde 2002 generó un aumento de las inversiones dirigidas.

[37] Osono, E.; Shimizu, N. y Takeuchi, H., Extreme Toyota, John Wiley, 2008, p. 24.

Este incremento nutrió al sistema central provocando un aumento de las oportunidades de los empleados para contactarse entre sí y trabajar conjuntamente de manera formal e informal.

En función del objetivo de esta obra, focalizado en el análisis de los efectos de la perspectiva económica transaccional en el modelo sistémico organizacional de Toyota, las fuerzas expansivas de "Metas imposibles" y "Clientes locales" se desarrollarán en la segunda parte como parte del modelo global de negocio. En la tercera parte –modelo de gestión del conocimiento y diseño organizacional- se tomarán en consideración la fuerza expansiva de "Experimentación" y la fuerza integradora de dirección de recursos humanos "*Up and In*". El "Sistema central" se analiza en la cuarta parte como la fuerza integradora central del sistema de gestión *JIT* de Toyota. Por último la "Filosofía de los fundadores" es analizada como fuerza integradora a lo largo de todo este estudio.

Generalmente las seis fuerzas combinadas crean dependencias complejas que fortalecen cada una de las fuerzas independientes y mantienen a Toyota en un estado de desequilibrio, generando una tensión e inestabilidad 'saludable' dentro de la organización. Cualquier cambio en el predominio de una de las fuerzas interrumpe la estabilidad empresaria. Esto lleva a la organización fuera del estado confortable y la conduce en una nueva trayectoria. Estas trayectorias cambian con la combinación de fuerzas como es el caso de cualquier organización en el tiempo. La diferencia es que Toyota promueve este proceso de inestabilidad continua a través de la presencia de contradicciones creativas.

3.2 Una corporación con contradicciones creativas

Como ya se ha señalado precedentemente, Toyota es reconocida como un paradigma de funcionamiento superior entre las compañías industriales más exitosas del mundo. Sin embargo, resulta difícil entender el motivo de

Toyota: Principios y fortalezas de un modelo de empresa

su éxito empresario. Un estudio realizado por profesores de la Universidad de Tokio, dilucidó la existencia de contradicciones, fuerzas opuestas y paradojas en el accionar de su gente como una forma usual de articulación funcional dentro de la empresa. Este estado de "desequilibrio" es impuesto deliberadamente por los directivos de Toyota para generar una tensión saludable y cierta inestabilidad dentro de la organización.

El propósito de este comportamiento organizacional es lograr una innovación continua y una constante renovación empresaria. En esta corporación automotriz, las contradicciones no son necesariamente consideradas como algo negativo. Osono, Shimizu y Takeuchi[38] identificaron seis tendencias contradictorias que coexisten en Toyota:

1. Generar movimientos graduales y también dar grandes zancadas.
2. Cultivar la frugalidad mientras se gastan grandes sumas de dinero.
3. Operar eficientemente así también como de forma redundante.
4. Cultivar la estabilidad y un desequilibrio paranoico.
5. Mantener la comunicación simple y a la vez compleja.
6. Respetar la jerarquía burocrática y permitir la libertad para disentir.

Para ejemplificar la primer contradicción señalada precedentemente es interesante analizar el lanzamiento del modelo Prius que tuvo lugar en 1997. Este auto con energía híbrida combina el poder de la alta velocidad de un motor de combustión interno con la eficiencia y baja velocidad de un motor eléctrico. Este caso fue un salto tecnológico en una compañía conocida principalmente por su cultura de mejora continua *kaizen*, práctica típica del "gradualismo" experimental de Toyota.

En cuanto a gastos de grandes sumas de dinero, esta compañía no tiene problema en efectuar erogaciones en investigación y desarrollo, capacitación a concesionarios y desarrollo de recursos humanos. Participar en la competencia de Formula Uno constituye un ejemplo representativo.

---

[38] Op. cit. Osono, E.; Shimizu, N. y Takeuchi, H., Extreme Toyota, John Wiley, 2008

En 2002, la erogación anual asignada a este ítem ascendió a 170 millones de dólares. De igual modo, en la fabricación del primer Lexus (LS400), Toyota gastó un billón de dólares. Un dato interesante lo constituye la medida que se toma ante la avería de parte de un equipo del proceso productivo toda vez que la misma no se envía a reparaciones ni se compra un nuevo equipo. Los trabajadores de fábrica, en cambio, están a cargo de la reparación del mismo para su uso posterior.

Para cultivar la forma reiterada y redundante de operatoria, Toyota mantiene reuniones en un lugar llamado *obeya*[39] con la participación de varias personas. Por medio de "coordinadores", Toyota intenta superar las barreras culturales y de lenguaje entre la casa matriz en Japón y sus operadores internacionales. En contraste con estas prácticas coloquiales, la eficiencia operativa de la compañía es reconocida -entre otras características- por tener un ciclo corto en el desarrollo de producto, el uso de carteles luminosos de control (llamados *Andon*) que localizan inmediatamente cualquier problema en la línea de producción y un control de inventario justo a tiempo.

Toyota es una compañía estable que ha tenido un crecimiento sostenido en ventas, rentabilidad y número de empleados. En este último caso, la cantidad de trabajadores de toda la empresa ha alcanzando una cifra de 4.200 personas en la filial de Argentina en 2007. El hecho de retener a su fuerza de trabajo y constituir una relación de largo plazo con los empleados es una política de personal que contribuye a esta estabilidad. Al mismo tiempo, esta relación estable genera cierta pertenencia del trabajador a la empresa. Este sentimiento del empleado de formar parte de la organización lo lleva a una búsqueda de mejorar su trabajo y a una

---

[39] La *obeya* es una oficina de trabajo sin divisiones entre los escritorios donde mucha gente se reúne para intercambiar ideas sobre la solución de un problema o ante cierta situación, aunque muchas veces pocas personas de las presentes emiten opinión.

paranoia continua de nunca estar satisfecho con los logros obtenidos. Otra contradicción interesante dentro del funcionamiento de Toyota es el tipo de comunicación simple y compleja a la vez. Una práctica común es usar hojas de tamaño A3 para que en ese espacio se presenten diagramas de flujo o histogramas con información de interés (como por ejemplo objetivos, plan de acción, resultados esperados, entre otros temas). Estas hojas se exponen en paredes (práctica denominada *mieruka*) como medio de comunicación de amplio alcance para todo el personal de la organización.

Sin embargo, para lograr que la información fluya de manera que todos sepan sobre todo, los lazos de comunicación dentro de la compañía se establecen tanto de manera horizontal –a través de los límites geográficos y funcionales- como verticalmente –a través de las divisiones jerárquicas de la organización. Esta comunicación es compleja ya que existen diferentes tipos de lenguaje dentro de la empresa[40] (dependiendo del nivel de la estructura organizacional) así como también con sus socios, proveedores y concesionarias.

Por último, es normal que en las reuniones de la compañía exista cierto debate de ideas entre superiores y subordinados. Las críticas constructivas –y no el *status quo*- son bienvenidas en la empresa. Discernir con las opiniones de los directivos es un comportamiento permitido en Toyota, y no se lo considera como una falta de respeto a la jerarquía burocrática. No obstante, la estructura organizacional de la compañía es jerárquica a pesar de los esfuerzos realizados para achatar la pirámide organizacional desde los ´80.

Desde 1989, se han hecho reformas en la estructura organizacional que han llevado a una disminución de siete a tres niveles jerárquicos dentro de cada departamento (director de línea o staff, director de departamento y director general), ayudando así a eliminar la burocracia funcional

---

[40] Frischknecht, F., *Dirección Recursiva*, El Ateneo, 1993.

dentro de los mismos. Según los autores Osono, Shimizu y Tekeuchi[41], estas divergencias dentro de la organización son las que generan el éxito de esta empresa. Si bien en la era industrial las contradicciones u oposiciones dentro de la empresa se intentaron evitar, en la era del conocimiento es fundamental reconocer la existencia de estas diferencias.

De igual modo los autores destacan la importancia de considerar a cada trabajador que no solo posee conocimiento sino que tiene la habilidad de acumular nuevo conocimiento a través de la experiencia directa y la interacción con otros. En este caso, es importante analizar cómo se genera la disminución de la asimetría de información entre el personal merced a este intercambio de conocimiento implícito. En el siguiente apartado se analiza la forma en que estas contradicciones -que generan cierto desequilibrio en el funcionamiento interno de Toyota- son cultivadas para generar innovación y mejora continua por medio de la Dirección Hoshin, imperante en la conducción de la compañía.

3.3 La Dirección Hoshin

En la segunda mitad de los años 60, varias compañías japonesas –Toyota entre ellas– incorporaban una forma de conducción por medio de políticas conocida comúnmente como "Dirección Hoshin". Este tipo de dirección se basa en la integración de las actividades de todo el personal de la organización para el logro de objetivos claves ante un entorno cambiante. La ventaja primordial de la dirección hoshin kanri –así denominada por los japoneses- es la participación total del personal que da respuestas coordinadas todo el tiempo.

En un estudio efectuado por Shiba, Graham y Walden[42] se expone la

---

[41] Osono, E.; Shimizu, N. y Takeuchi, H., Op cit.
[42] Shiba, Sh.; Graham, A. y Walden D., TQM: Desarrollos Avanzados, Productivity Press, Portland, 1995.

importancia de la dirección *hoshin* en la alineación de esfuerzos dentro y fuera de la organización en la misma dirección. Esta coordinación origina que tanto las actividades como las personas generen una conducta consistente orientada hacia los objetivos de la corporación. En un contexto cambiante, algunos objetivos pre-establecidos deben modificarse de manera oportuna. Para ello, es necesario un ordenamiento de las personas y las tareas hacia nuevas metas.

Asimismo, estos autores señalan que la dirección *hoshin* persigue otro propósito no menos importante: "forzar a los directivos a poner en práctica por sí mismos el ciclo PDCA (Planear, Hacer, Controlar, Actuar) como parte de su trabajo diario, desarrollándose así como directivos"[43]. Cabe destacar que el ciclo de mejora PDCA –como práctica de la dirección *hoshin*- se aplica tanto dentro de grupos funcionales en cada nivel organizacional como de modo inter-funcional a aquellos sistemas que inciden en varias funciones.

El ciclo PDCA[44] –las letras de este acrónimo- significa lo siguiente:
P: Seleccionar el problema que es responsable de la variación en los resultados, analizar las causas que originaron el problema, y planear contramedidas para erradicar dichas causas.
D: Poner en práctica la mejora.
C: Verificar la eficacia de la mejora.
A: Estandarizar la mejora si es apropiada, y pasar a otra mejora.

Esto significa que la organización se reconvierte desde donde está, hacia donde quiere estar aplicando el ciclo de mejora PDCA. Seguidamente se expone una gráfica en la que se señala el uso del ciclo de mejora para crear un nuevo estándar.

---

[43] Op. cit. p. 415. Shiba, Sh.; Graham, A. y Walden D., TQM: Desarrollos Avanzados, Productivity Press, Portland, 1995.
[44] Op. cit. pp. 480-481. Shiba, Sh.; Graham, A. y Walden D., TQM: Desarrollos Avanzados, Productivity Press, Portland, 1995.

Fig.3. Uso del ciclo de mejora para crear un nuevo estándar.

Crear un nuevo estándar se denomina ciclo CAPD[45] y su significado es el siguiente:

CA: Descubrir los aspectos equivocados del proceso previo que han impedido el logro de los resultados deseados; y también determinar cuáles son los puntos clave para mejorar en el siguiente ciclo.

P: Determinar lo que se desea para el futuro (por ejemplo, cuál es próximo objetivo).

D: Poner en práctica el plan anual.

CA: Verificar si se ha logrado el objetivo, y, si no es así, por qué no se ha logrado (se repite CAPD).

A partir de una organización formal (piramidal), se comienzan a desarrollar acciones de mejoras que se van integrando en toda la empresa. Gráficamente, la evolución de una organización formal hacia una organización paralela dentro de los grupos funcionales tendría el siguiente diseño:

Para aplicar este tipo de dirección, es fundamental tener una organización paralela a la organización formal para hacer la mejora. La dirección *hoshin* induce a los directores a incorporar dichas mejoras en las metas corporativas, evitando así excesos en la demanda de recursos. Por este

---

[45] Ibíd. pp. 480-481 Shiba, Sh.; Graham, A. y Walden D., TQM: Desarrollos Avanzados, Productivity Press, Portland, 1995.

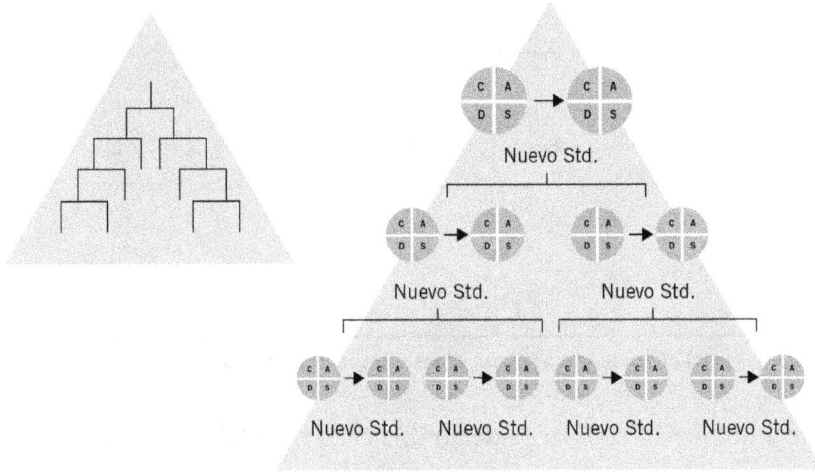

Fig.4. Organización formal y aplicación de ciclo de mejora dentro de grupos funcionales. (Adaptación gráfica de Shiba et al.)

motivo, la planificación y el control mediante mediciones estadísticas son los procesos estandarizados que se utilizan como base para llevar adelante y monitorear las mejoras. Asimismo, en la organización paralela se desarrollan prácticas y normas de conducta diferentes de las del trabajo diario.

La relación jerárquica de la organización formal se convierte en una red de trabajo en la organización paralela. De la misma manera, los principios formales tanto de disciplina como de supervisión basada en resultados son reemplazados en la organización paralela por el aprendizaje mutuo y el diagnóstico basados en procesos. En el capitulo 4 se analiza este tema como parte del modelo de gestión del conocimiento que posee la empresa. Estos cambios que se presentan en la empresa al pasar de un estilo formal de organización a otro informal generan ciertas contradicciones radicales en la compañía Toyota.

Esta mirada organizacional genera un cambio en el modelo de negocio de Toyota donde el crecimiento empresario no sólo depende de la eficiencia organizacional sino también de la gente que la conforma. De esta manera, el centro de atención del modelo empresario de Toyota está constituido principalmente por su gente en lugar de las máquinas. Sin embargo, la perspectiva de la nueva economía de la información también tiene su protagonismo en toda la compañía ya que Toyota forma parte de un cluster en el que diferentes agentes del mercado tienen participación e interactúan con ella. Por este motivo, en el siguiente apartado se analizará el mercado y sus imperfecciones que originan el surgimiento de las compañías como formas alternativas de organización.

Capítulo 4

La perspectiva económica de la organización

Para abordar esta perspectiva es necesario tomar en consideración el aporte realizado por Ronald Coase, quien analiza la existencia de dos formas alternativas de organización económica: el mercado y las firmas[46]. La elección entre ambas dependerá de la forma organizacional que disminuya los costos transaccionales. Estos costos son definidos como los gastos de operar el sistema económico. Según Coase, la existencia de las empresas se da merced a costos de transacción elevados, totalmente previsibles.

De hecho, esta postura es un tanto cuestionable toda vez que existen costos de transacción que no pueden ser previstos ya que las empresas son entes dinámicos. Oliver Williamson complementa esta perspectiva teórica al otorgarle dinamismo a los costos de transacción basándose en la existencia de una función de utilidad. Este autor considera que la finalidad de todo empresario se fundamenta en la maximización de dicha función. Sin embargo, Williamson enriquece esta perspectiva al afirmar que la empresa no puede ser considerada como un agente simple con una sola función de utilidad.

Centrando su análisis en la función de utilidad de los directivos, la

---

[46] Coase, R.: "The nature of the firm" en Económica, New Series 4, 1937, pp. 477-491.

preocupación de Williamson se focaliza en el análisis de los supuestos subjetivos o motivaciones internas de los agentes en la organización. Mas allá de los incentivos económicos, Williamson se ha preocupado por la "medición" de la motivación no económica de los directivos. Generalmente, a los altos ejecutivos se les confiere la capacidad de decidir sobre el tipo de proyecto a desarrollar, y que dirige el destino de la empresa. En estos casos, el comportamiento racional de los directivos juega un papel preponderante en la empresa.

Williamson[47] distingue tres (3) niveles de racionalidad: a) la maximización de la utilidad al elegir una alternativa; b) la "racionalidad limitada" que concierne a las estructuras de gobernación (no al proceso decisorio); y c) la racionalidad orgánica que complementa a la economía de los costos de transacción. Centrándose en la sustancia de la elección y dejando de lado el proceso decisorio, el autor no analiza el surgimiento de las alternativas de elección sino que se focaliza en la cuestión "aislada" de cómo, dado un menú de acciones posibles, una persona puede elegir entre ellas. Y la respuesta a esta pregunta se basa en elegir aquel curso de acción que maximice la utilidad.

Desde la perspectiva económica, nada es suficientemente bueno hasta que no se llega al óptimo y en esto consiste el fin de la empresa. Para Williamson, la 'economización' de los costos de transacción se ocupa primordialmente de los efectos ocasionados por la asignación de transacciones a estructuras de gobierno. Al tomar en consideración la "racionalidad limitada", deben analizarse los costos de planificación, adaptación y monitoreo de las transacciones. Asimismo, existen modelos de investigación operativa o modelos económicos (asistidos o no informáticamente) que también ayudan a tomar decisiones.

---

[47] Williamson, O. The Economic Institutions of Capitalism. MacMillan Publishing Co., 1985.

La mayoría de estos modelos son construidos tomando como base la visión económica de racionalidad, intentando optimizar todo. En programación lineal, se define lo que se intenta maximizar y se le indican restricciones de recursos y algunas limitaciones de las acciones que se deberían tomar. Luego, esta información se archiva en una computadora, y este procesador reporta el óptimo. Al analizar la metodología del uso de estas herramientas de programación para sobrellevar la racionalidad limitada, se observa que:

1. se simplifica considerablemente el problema, rediseñándolo de manera de que esté dentro de los límites de los recursos informáticos y la información disponible;
2. efectuado esto, se optimiza este problema 'aproximativo' y se produce una solución "óptima" al verdadero problema real.

Sin embargo, en este punto es importante tener en cuenta a Simon[48] quien afirma que las organizaciones continuamente afrontan situaciones complejas e intentan, finalmente, encontrar cursos de acción `satisfactorios' (no óptimos). Para este autor, el ser humano ha construido un mecanismo llamado "niveles de aspiración" ajustado a la realidad y a las propias expectativas basado en la experiencia vivida. Y esto se convierte en el mejor estándar por medio del cual la persona juzga si la solución a un problema es satisfactoria. A causa de la racionalidad limitada, existen límites en nuestros conocimientos y en nuestra posibilidad de procesar información. También existe el problema del acuerdo sobre los valores ya que los mismos no están sujetos al cálculo racional.

Sin embargo, desde un enfoque transaccional, Oliver Williamson fundamenta la toma de decisiones basado en la minimización de los costos de transacción. A partir del desarrollo de este enfoque, Williamson renueva el concepto de la empresa al dejar de considerarla como una fun-

---

[48] Simon, H., Decision Making: Rational, Nonrational, and Irracional, The University Council for Educational Administration, 1993, p. 396.

ción de producción y redefinirla como "una estructura de gobernación". Una definición apropiada de la estructura de gobierno es considerarla como "un mecanismo para tomar decisiones que no han sido especificadas en el contrato inicial"[49].

Desde esta perspectiva, la esencia de las organizaciones se fundamenta en la asignación de transacciones para gobernar estructuras que constituyen "los modelos organizacionales dentro de los cuales la integridad de una relación contractual es decidida"[50]. Esta consideración permite definir que estructura de gobierno es más eficaz en relación a los distintos tipos de transacción. El siguiente punto analiza la teoría de los costos de transacción con mayor profundidad.

4.1 La teoría de los costos de transacción

Como se ha analizado precedentemente, al estudiar las organizaciones se considera que tanto los mercados como las firmas son medios alternativos de organización económica y su elección – como forma de organización – depende de los respectivos costos transaccionales. Desde esta teoría transaccional, se pueden identificar dos formas polares de organización económica: un sistema descentralizado (el mercado) y un sistema centralizado (la jerarquía).

Las transacciones económicas tienen lugar en mercados o dentro de organizaciones dependiendo del sistema más eficiente para sobrellevar sus costos de transacción. Esta perspectiva teórica ayuda a identificar tres problemas importantes que a la vez constituyen las funciones básicas de toda organización económica: (i) la coordinación de las acciones de varios actores de manera de formar un plan coherente; (ii) la motivación

---

[49] Hart, O., "Coporate Governance: some Theory and Implications" en The Economic Journal, 1995, p.105.
[50] Williamson, O., Op cit , p. 41.

de estos actores para hacer lo que ellos tienen que hacer de manera de alcanzar este plan; y (iii) el control o monitoreo de los actores para lograr la consecución de dicho plan.

La teoría económica neoclásica determina que el mecanismo de mercado es una forma de resolver el problema de coordinar actividades económicas así como los mercados competitivos asignan los recursos económicos eficientemente. Bajo ciertos supuestos, ha sido probado que no hay otra asignación de recursos disponible que haga estar mejor a una persona sin hacer a alguien estar peor (Teorema de la Economía del Bienestar). El fundamento de este Teorema se basa en considerar al sistema de mercados y precios como un mecanismo efectivo para alcanzar la coordinación; ya que los precios resumen toda la información relevante.

Sin embargo, existen varias circunstancias en las cuales los mercados no asignan recursos eficientemente. Estas son fallas de mercado las cuales podrían ser generadas principalmente por los siguientes factores:

- *Información imperfecta y costosa.* En la teoría neoclásica, se considera que todos los agentes tienen libre y gratuitamente la información que es requerida para realizar una transacción. En realidad, esta información no es gratis para compradores y vendedores. Una búsqueda costosa es necesaria para saber qué, cuándo y dónde estos bienes están siendo comprados y/o producidos en el mercado.

- *Asimetría de información.* Aparece en cualquier transacción en la cual una parte involucrada tiene mas información que otra/s frente a una situación específica.

- *Externalidades.* Se considera la presencia de "externalidades" cuando existen efectos positivos o negativos de las acciones de un agente económico en el bienestar de otro/s.

- *La compra de poder de mercado por un número pequeño de participantes en uno u otro lugar del mismo*; por ejemplo, los bienes producidos monopólicamente. Existen también otras limitaciones en este sistema donde podría no haber precios que encuentren oferta con demanda para todos los bienes. En este caso, el sistema de mercado falla para encontrar la maximización del criterio de ganancia a un precio dado.

Los tópicos de información imperfecta, costosa y asimétrica constituyen componentes importantes de los costos de transacción, los cuales podrían asociarse con las actividades de coordinación, motivación y control. Desde una perspectiva de mercado, los costos de coordinación se relacionan con los gastos generados por la determinación de precios y la identificación de productos/servicios que compradores y vendedores pueden efectuar en el sistema de mercado.

Los costos de motivación incluyen la información necesaria para vincular los incentivos económicos de compradores y vendedores para concretar un negocio. Si estos costos de transacción son grandes, los mercados podrían no surgir. En cambio, teniendo un bajo costo de coordinación y motivación, las firmas jerárquicas pueden llegar a emerger como una forma más eficiente de organizar las actividades económicas para alcanzar metas individuales y colectivas.

En organizaciones jerárquicas, los costos de coordinación contienen gastos de transferencia y comunicación de la información los cuales son requeridos para poner en funcionamiento una empresa. Adicionalmente, demoras de comunicación y malentendidos de lo transmitido constituyen ejemplos de costos de coordinación dentro de las organizaciones. La carencia de información relevante requerida para completar una tarea determinada (información asimétrica e incompleta) y la falta de cumplimiento de la tarea establecida (compromiso imperfecto de agentes) son considerados como costos transaccionales de motivación.

En este orden de ideas, las firmas jerárquicas pueden ser vistas como instituciones que internalizan los costos de transacción del sistema económico. Además, el sistema de precios es comúnmente usado dentro de las organizaciones para coordinar y motivar a los individuos incluyendo los controles financieros, esquemas de funcionamiento y transferencia de precios internos para transacciones entre unidades organizacionales.

Observando el funcionamiento interno de las organizaciones, el problema de asimetría de información es reforzado por la especialización de las tareas y la división del trabajo en grupos. Es relevante destacar que la especialización de las tareas origina la existencia de individuos con poder monopólico en el conocimiento específico de una función (*know how*).[51]

La especialización también proviene de la introducción de la tecnología y de la necesidad de tener grupos de trabajo. Para sobrellevar estos problemas, la Teoría de la Agencia establece la existencia de un individuo central (el principal) cuya función es lograr la coordinación, motivación y control de ciertos agentes ("subordinados"). En la siguiente sección se desarrolla este marco teórico complementario a la teoría transaccional.

4.2 Teoría de la Agencia y Estructura de Gobierno

La relación de la agencia involucra la forma contractual a través de la cual el "principal" delega actividades laborales al "agente" para realizar una actividad de acuerdo con los intereses de la organización. En esta relación, la Teoría de la Agencia versa sobre el tópico de cómo los contratos eficientes son diseñados de manera de alinear los intereses de un agente (su esfuerzo y remuneración óptima) con aquellos del "principal" (su función óptima de esfuerzo e ingresos).

---

[51] Miller, G., Managerial Dilemmas: The political economy of hierarchy, Cambridge University Press, 1992.

Toyota: Principios y fortalezas de un modelo de empresa

En el marco de esta teoría, el contrato de empleo esta explícitamente diseñado para sobrellevar los conflictos asociados con intereses contrapuestos de las partes así como también para coordinar y motivar a los individuos para cumplir las metas de la firma. En ausencia de un contrato óptimo, varios miembros de la organización podrían tener conflicto de intereses. Este hecho constituye la razón de tener un "gobierno corporativo" en las organizaciones.

Basado en la definición de la OECD (Organization for Economic Cooperation and Development)[52], el Gobierno Corporativo es el sistema por el cual las empresas de negocios son dirigidas y controladas. Desde esta perspectiva, la estructura de gobierno corporativo especifica la distribución de derechos y obligaciones entre los distintos participantes de la empresa, a saber: los accionistas, el Consejo de Administración, la Gerencia (Organización) y las partes relacionadas.

En función de la definición expuesta precedentemente, podemos señalar que las funciones básicas del gobierno corporativo son las de dirigir y controlar a los participantes de la empresa. La dirección o *management* de la firma se relaciona con la coordinación de las tareas a efectuar por los participantes. La función de monitoreo, en cambio, esta relacionada con el control de las tareas para que se efectúen de acuerdo a los objetivos de la compañía. Es importante señalar que esta función de contralor se complementa con la motivación de los participantes en el logro de dichos objetivos.

Un supuesto básico del modelo de Agente-Principal es el bajo costo de los contratos. Aunque uno puede pensar en la posibilidad de tener un acuerdo contractual completo, es importante señalar que no todas las contingencias pueden ser identificadas previamente a la firma del contrato. Adi-

---

[52] KPMG "Corporate Governance" Código de Mejores Prácticas Corporativas, México, 2001, p.8.

cionalmente, podría ser económicamente ineficiente redactar contratos especificando una larga lista de posibles escenarios diferentes y el curso de acciones a emprender en cada potencial circunstancia.

De esta manera, la falta de conocimiento –información imperfecta– acerca del futuro junto con los costos de negociación son algunos de los elementos que hacen a los contratos incompletos. La existencia de información asimétrica podría originar mayores problemas entre las partes involucradas en un contrato. En el siguiente apartado se analizará la naturaleza del contrato a la luz de la nueva economía de la información.

4.3 El vínculo de contratos como forma organizacional

Desde la teoría de los costos de transacción, los contratos constituyen instrumentos diseñados para establecer los incentivos económicos de manera de motivar a los individuos dentro de las organizaciones. Sin embargo, la característica de "incompleto" de todo contrato explícito se origina en problemas de disponibilidad de cierta información. En verdad, los individuos pueden usar "información privada" para su beneficio en dos formas diferentes:

1. cuando existe información y conocimiento que no son revelados voluntariamente antes de que el contrato sea firmado. Esto se conoce con el nombre de problema de "selección adversa", que aparece por la asimetría de información pre-contractual; y

2. cuando existen casos en los cuales una de las partes "engaña" a la otra parte luego de la firma del contrato. Esta es una acción oportunista post-contractual, que origina un problema de "*moral-hazard*" o riesgo moral. Este problema aparece cuando una de las partes tiene un comportamiento que persigue sus intereses cambiando sus actitudes a expensas de la otra parte después de que el contrato es firmado.

Toyota: Principios y fortalezas de un modelo de empresa

Como ya se ha señalado, no todas las contingencias pueden ser identificadas previamente a la firma de un contrato. Este problema genera ciertos comportamientos por los que una de las partes persigue sus propios intereses cambiando sus actitudes a expensas de los demás miembros participantes después de que el contrato es firmado.

En ausencia de un contrato óptimo, proveedores y empresas contratantes (accionistas y agentes) podrían tener conflicto de intereses. De esta manera, toda contratación implica la tácita aceptación de una estructura de gobierno que dirige tanto a la empresa como a la forma organizacional que ésta va integrando. Gráficamente, las formas estructurales de la organización se pueden esquematizar de la siguiente manera:

Corporaciones Externas	Corporaciones en Extensión	Corporación Interna
↑	↑	↑
Vendedor Proveedor Repr. de Ventas	Alianzas Franquicias Joint Venture	Adquisic. Subsid. Uds. Neg
Relaciones de Mercado	Relaciones de Cooperación	Relaciones de Jearquía

Fig. Nº1. Formas estructurales de la organización.

Nótese que entre los extremos definidos por el mercado espontáneo y descentralizado y las jerarquías organizacionales existe un "área gris" que permite muchas posibilidades de estructuras organizacionales intermedias o híbridas. Tanto las corporaciones externas como las extensiones corporativas conforman conjuntamente con la empresa un conglomerado que requiere de coordinación para su funcionamiento.

Desde la Teoría de la Agencia, las organizaciones pueden ser vistas como un simple nexo de contratos, los cuales son suficientes para sobrellevar los tópicos de coordinación y motivación. Pero los reales "límites" de la firma pueden ser mal interpretados si la estructura organizacional informal –la cual esta siempre presente en la firma– no es tenida en cuenta. Es importante señalar que una estructura informal constituye, afecta, y a la vez es afectada por la cultura corporativa. La conexión e interacción entre la estructura organizacional informal y la cultura corporativa sugiere que la estructura no formal se transforme en relevante en la coordinación y motivación de las actividades dentro de la firma.

Sin embargo, es importante destacar que las organizaciones jerárquicas son diseñadas para coordinar y controlar actividades organizativas. De esta manera, el hecho de tener organizaciones jerárquicas en lugar de mercados, transforma los problemas de coordinación y motivación en uno de carácter de *management* de la firma. De acuerdo a esto, el rol esencial del *management* es asegurar la coordinación a través de la toma de decisiones y las acciones a ejecutar, además de lograr la motivación de los individuos para alcanzar eficientemente las metas organizacionales. La forma en la cual la dirección lidera a las firmas ayuda a entender las estructuras y los procesos a través de los cuales el control organizacional es alcanzado.

Capítulo 5
Conclusiones

Como ya se ha señalado en la sección introductoria, esta parte presenta el marco doctrinario y metodológico utilizado en este trabajo de investigación. El objetivo de este estudio es analizar los efectos de la perspectiva económica transaccional en el modelo sistémico de la organización tomando como caso de estudio a la compañía Toyota. A partir de este objetivo general, el análisis del modelo Toyota se ha desagregado en tres partes: a) el desarrollo del marco sistémico transaccional que permite vincular la perspectiva económica y el enfoque sistémico organizacional teniendo en cuenta cada nivel de la estructura organizacional y los modelos de negocio, de gestión y sistema de gestión *JIT*; b) el estudio de los principios fundamentales que conforman la filosofía "lean" de Toyota; c) el análisis de las fuerzas de expansión e integración que impulsan a Toyota en el mercado global; y d) el abordaje de la perspectiva económica de la organización.

Tanto el estudio de los principios como el análisis de las fuerzas expansivas e integradoras de Toyota han sido asignados por partes y capítulos a fin de dar un orden a los mismos por nivel de estructura organizacional. La información sobre la que el Modelo Toyota se sustenta ha sido corroborada por medio de entrevistas personales a la línea gerencial de Toyota Argentina (TASA) y visitas a la planta de Zárate (Buenos Aires). Asimismo, como marco doctrinario, se han tomado en consideración el marco sistémico organizacional y la perspectiva económica basada en la

Toyota: Principios y fortalezas de un modelo de empresa

Teoría de los costos de transacción, enfoques que reflejan la eficiencia y eficacia del desempeño de Toyota.

El enfoque sistémico y la perspectiva económica constituyen doctrinas centrales en el estudio de las variables que se integran –por medio del método de dinámica sistémica- en la metodología de este trabajo. Desde la teoría de los costos de transacción, se ha definido al mercado y a la firma como medios alternativos de organización económica. Como teoría complementaria, se ha tomado en consideración la relación agencial para abordar el tópico de "como" los contratos eficientes son diseñados ex-ante a la firma de los mismos. Toda contratación implica la tácita aceptación de una estructura de gobierno que dirige tanto a la compañía como a la forma organizacional que esta integra.

Entre los extremos definidos por el mercado espontáneo y descentralizado y las jerarquías (o empresas) existe un "área gris" que permite el surgimiento de estructuras organizacionales intermedias o híbridas. Las corporaciones externas y las extensiones corporativas conforman conjuntamente con la empresa un conglomerado que requiere de coordinación para su funcionamiento. Al analizar los mecanismos de gobierno de la firma, Williamson renueva el concepto de organización jerárquica dejando de considerarla como una función de producción y redefiniéndola como "una estructura de gobernación".

El modelo de negocio que le da sustento a esta nueva forma organizacional es analizado como parte del modelo sistémico organizacional. Para ello se ha tomado en consideración la arquitectura modular e integral utilizada por las empresas automotrices. La utilidad de todo modelo de negocio es analizar el desempeño de una organización en la creación y entrega de valor tanto a los agentes participantes como al cliente. La división del trabajo, en cierta medida, produce una fragmentación dentro de las empresas dando lugar al escenario básico de gestación de información asimétrica. Sin embargo, esta particularidad es superada por la compañía al generar un clima organizacional de colaboración y cooperación en el que se minimiza el uso privado de la información y potenciales comportamientos oportunistas.

Desde la perspectiva de organizaciones diseñadas por proceso, la eficacia y la eficiencia se construyen desde la operación y constituyen parámetros de desempeño que, con el tiempo, se van transformando en nuevos paradigmas. De esta manera, la creación de mecanismos organizados horizontalmente como el sistema de gestión *Just in time* (*JIT*), facilita las relaciones entre agentes generando el escenario propicio para la innovación tecnológica, la producción con calidad y la oportunidad de respuesta al mercado.

Asimismo, al considerar a las empresas en si mismas como fenómenos comunicacionales, una organización puede ser considerada como un sistema de acuerdos y supuestos entre personas que hace las veces de una red de compromisos. Este razonamiento encuentra su complemento en la definición de "comunidad de práctica" que, según Etienne Wegner conforma un conjunto de personas organizadas alrededor de una tarea común e interdependiente. Estas personas comparten una inclusión recíproca y una serie de respuestas compartidas. Es importante destacar que, si bien estas comunidades de práctica pueden tener un diseño, pautas o regulaciones externas, las tareas que se pueden observar resultan de la respuesta de esa comunidad a esos factores a partir de su propia construcción de significado, sentido e identidad.

A partir de una perspectiva epistemológica integral, si bien se utiliza el método hipotético-deductivo para pasar de las ideas (que se presentan en el nivel estratégico) a la acción (los programas), se considera que no sería completo el análisis de este trabajo teniendo en cuenta una única perspectiva.

Toyota: Principios y fortalezas de un modelo de empresa

Como señala Samaja[53], *"los procesos inferenciales se apoyan unos a otros y engendran entre todos un resultado de conjunto que es más que la suma de las partes".*

Por este motivo, el método inductivo también es utilizado para complementar el análisis ya que permite -a través de inferencias que se efectúan sobre el caso Toyota– cotejar las premisas que devienen de toda hipótesis y eventualmente corregirlas de ser necesario. Los criterios metodológicos de experimentación y observación colaboran en el análisis de la empresa. Por último, el abordaje del pensamiento rizomático también es considerado para el abordaje de la complejidad presente en las "contradicciones" existentes en la compañía.

Desde un punto de vista metodológico, la información que se obtiene es analizada por nivel organizacional estructural, detectando variables centrales en cada nivel y cierta relación con las funciones transaccionales de coordinación, motivación y control respectivamente. A partir de esta vinculación "sistémico-transaccional" se obtiene como resultado una matriz en la que se intenta detectar los efectos de las funciones transaccionales de coordinación, motivación y control presentes en cada nivel de la estructura organizacional (Estrategia, Administración y Operación) tomando como caso de estudio el Modelo Toyota.

Cabe destacar que si bien se ha asignado la función de coordinación al nivel estratégico de la estructura organizacional; la función de motivación al modelo de gestión enmarcado en el nivel organizacional administrativo; y la función de control al sistema de gestión *JIT*, no implica la inexistencia de todas las funciones básicas en todos los niveles organizacionales. Esta asignación ha sido realizada en función de la dominancia que en este estudio cada una de estas funciones tiene en cada nivel de la estructura organizacional.

---

[53] Samaja, J., "Aspectos lógico-epistemológicos. Unidad 5", en Pensar y hacer en Investigación (comp.) Fernandez Vecchi, A. Epistemología de las Ciencias Económicas, (UBA), 2011, p. 190.

SEGUNDA PARTE

Modelo de negocio de Toyota

Capítulo 1

Introducción

En esta segunda parte se desarrollan los componentes centrales del Modelo global de negocios de Toyota cuyo marco teórico general ha sido presentado en la primera parte anterior[54]. El objetivo de esta parte es analizar la presencia de los principios fundamentales que delinean la filosofía "lean" en el modelo sistémico de Toyota, teniendo en cuenta la influencia que tienen en este modelo la relación con las personas y los proveedores, principios fundamentales de la Sección III. Como se señala en el principio N°9, uno de los objetivos de Toyota es "Generar líderes que entiendan conscientemente el trabajo, vivan la filosofía, y enseñen esto a otros", tema a desarrollar en primer lugar analizando el Modelo de liderazgo de la compañía.

En este primer apartado también se estudia el sistema de producción global y los nuevos cambios que se han sucedido merced a las fuerzas expansivas que lideran a Toyota, siendo este un objetivo específico de la sección. Para ello se ha tomado en consideración no solo las metas imposibles (así consideradas por la compañía) sino también el clientelismo local pregonado por la misma. Esta última fuerza expansiva se desarrolla dentro de esta primera parte como otro componente central

---

[54] En el presente análisis se abarcan, por un lado, los componentes del modelo de negocio relacionados con la estrategia, el gobierno y la relación con clientes. Por otro lado, se analiza la cadena de suministro y la relación de Toyota con sus proveedores que conforman la red de valor.

Toyota: Principios y fortalezas de un modelo de empresa

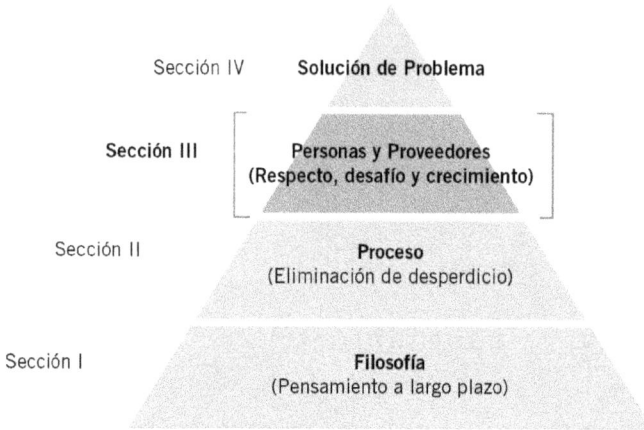

Fig. Nº1. Modelo de las "4 P" del Modo Toyota[55]

del perfil de negocio que lidera a Toyota donde la primera lección de la dirección es considerar al cliente en primer lugar.

A partir de la identificación de estas fuerzas expansivas que influyen en el modelo de negocios, en el segundo apartado se analizará el perfil de negocios de Toyota y un componente central de este modelo dentro de la compañía: el gobierno corporativo. Conocido como *keiretsu* japonés, el gobierno corporativo es analizado teniendo en cuenta las funciones de coordinación y motivación propias del mismo. El análisis conjunto del perfil empresario y el *keiretsu* japonés, permite exponer los efectos de la función de coordinación en el modelo de negocio que lidera a Toyota. A través de la aplicación del método de dinámica sistémica se diseña un diagrama causal que permite obtener una hipótesis dinámica que convalida el buen desempeño de la función de coordinación basado en un fuerte proceso de estandarización consolidado que origina una baja asimetría de información.

La cadena de suministro y la relación de Toyota con sus proveedores se

---

[55] Liker, J., The Toyota Way, McGraw-Hill, New York, 2004 p. 6.

analizan como otro componente relevante del Modelo de negocios en el cuarto capítulo de esta segunda parte. En principio se estudian las decisiones de fabricar dentro de la compañía o comprar a proveedores. En el marco de este apartado, se vincula al tema con los otros principios relevantes N° 10 y 11 que conforman la Sección III. Finalmente se expondrán las conclusiones a las que se han arribado a partir de lineamiento integral del modelo de negocios que dirige a Toyota, siendo pionero del mercado automotriz mundial.

Capítulo 2
El liderazgo de la compañía Toyota

La importancia de generar líderes dentro de la organización constituye el fundamento del principio Nº 9 del modo Toyota. El rol del líder se focaliza en ser modelo no solo de la filosofía de la compañía sino también de la manera de hacer negocios de la misma. De esta manera, no se debe ver el trabajo del líder como una simple consecución de tareas y/o dirigiendo gente competente. Un buen líder debe entender el trabajo diario en detalle a fin de enseñarlo a los demás.

En Toyota, un nuevo presidente o CEO no necesita llegar y cambiar de manera radical la dirección de la compañía para dejar su impronta en la firma. El motivo de este curso de acción se da merced a la aplicación del concepto de eliminar irregularidades (muri) en el trabajo a nivel ejecutivo. A través de la historia de Toyota, los líderes claves han sido encontrados dentro de la compañía en el momento justo para modelar el próximo escalón en la evolución de la empresa.

Más allá de las diferencias de estilos personales, ninguno de los líderes que han conducido a la compañía se desvió de la filosofía básica del modelo Toyota. De manera subyacente, la familia Toyoda siempre ha estado presente seleccionando cuidadosamente a los líderes. Por esta razón, siempre ha existido un líder interno listo para asumir. Toyota no va en busca de exitosos CEOs y Presidentes porque sus líderes deben vivir y practicar día a día la cultura de Toyota.

Toyota: Principios y fortalezas de un modelo de empresa

No hay duda de que la cultura de liderazgo de Toyota fue diseñada por los valores, personalidades y experiencias de sus fundadores provenientes de la familia Toyoda. Existe una prolongada línea de sucesión de líderes importantes y distinguidos de la familia, comenzando con Sakichi Toyoda, quien inventó en 1924 el telar automático modelo G de Toyoda impulsado por una caldera de vapor. Este fue el primer telar fabricado en el mundo; otorgando su respectiva licencia de patente en 1929 a una empresa británica. En 1930 su hijo Kiichiro Toyoda, fue quien fundó la compañía Toyota Motor, Co. Ltd.

Las características centrales del liderazgo de Toyota, particularmente el hecho de buscar alcanzar *targets* "imposibles" y el requerimiento por parte del líder de entender el trabajo "ensuciándose las manos", deviene del liderazgo de estos dos fundadores de la compañía. Eiji Toyoda, sobrino de Sakichi Toyoda, fue presidente hasta 1994 y luego director de la compañía Toyota Motor durante los años más vitales luego de la guerra y a través de su crecimiento en esta poderosa compañía global.

Eiji Toyoda jugó un rol clave en seleccionar y darles poder a los líderes que diseñaban las ventas, la producción y el desarrollo de producto. Tenía la habilidad de identificar a los individuos que tenían cualidades de profundo liderazgo necesarias para conducir el futuro de la empresa familiar. Se argumenta que el legado de Taiichi Ohno no habría sobrevivido de no haber estado Eiji Toyoda.

En 1995, aparece Hiroshi Okuda quien fue el primer miembro de Toyota que no perteneció a la familia fundadora. En ese momento la compañía necesitaba globalizarse agresivamente. Después de este período apareció Fuji Cho continuando esta globalización sin sobresaltos, centralizándose en energizar la cultura interna de Toyota. Asimismo, Cho era miembro del directorio y ocupó el cargo de presidente de Toyota cuando la empresa estaba en uno de sus mejores momentos. Sus aportes fueron el resultado de años de trabajo y su preparación para ocupar el puesto le fue otorgada por sus predecesores.

Es importante destacar que Fuji Cho -ex presidente de Toyota en 2002- creció profesionalmente dentro de la empresa y fue un estudiante de Taiichi Ohno. Él y Ohno construyeron una base doctrinaria sobre el Sistema de Producción Toyota y los principios del Modelo Toyota de manera de enseñarlos en toda la compañía. Cho era el líder de la planta más importante de Toyota en Estados Unidos, localizada en Georgetown, Kentucky.

Otro aspecto característico de la filosofía "lean" lo constituye el esfuerzo que los líderes deben realizar año tras año para apoyar la cultura corporativa de manera de generar un ambiente para el aprendizaje organizacional. En las compañías americanas generalmente ningún líder esta el tiempo suficiente como para construir una cultura madura que concuerde con su visión personal. De esta manera, cambiar la cultura cada vez que un nuevo líder asume la conducción de la empresa necesariamente significa cambiar de forma abrupta la dirección de la compañía, sin lograr desarrollar la lealtad de sus empleados.

El problema que deviene con un directivo externo es que intenta hacer cambios radicales en la cultura y, en este caso, la organización nunca logra aprender las lecciones o principios duraderos de la compañía. Esto afecta la habilidad de los líderes de efectuar cambios efectivos. Por otro lado, Toyota usa el concepto que emana de Deming sobre "constancia de propósito" en toda la organización, que implica apoyar el trabajo de campo con un liderazgo positivo y consistente así como también en un ambiente de aprendizaje.

De acuerdo a la filosofía "lean" de Toyota, una impresión superficial de la situación actual en cualquier división de la empresa, lleva a tomar malas decisiones y liderar ineficientemente a la compañía. A partir de un elemento crítico de su cultura como es *genshi genbutsu* (que significa observar cuidadosamente la situación actual en detalle), los líderes deben demostrar esta habilidad y entender cómo el trabajo se realiza en todos y cada uno de los niveles organizacionales de la compañía.

Los líderes de Toyota han tenido y tienen una perspectiva y filosofía únicas, que han ayudado a delinear el Modelo de negocios de Toyota. Entre las ideas mas profundas imperantes en la compañía, sus líderes incentivan el espíritu de innovación "tecnológica". En el siguiente apartado se aborda este tema a la luz del modelo de liderazgo que los fundadores de Toyota han forjado en el tiempo.

2.1 Modelo de Liderazgo

Los líderes de Toyota tienen una perspectiva y filosofía distintivas que constituyen una ventaja competitiva para la empresa. La matriz bidimensional de liderazgo que se expone en esta sección ayuda a entender qué se entiende por liderazgo en Toyota a diferencia de otras compañías. Por un lado, los líderes pueden dirigir por medio de directivos de arriba hacia abajo de la estructura organizacional (*top-down*) o utilizar un estilo de involucramiento de abajo hacia arriba (*bottom-up*) para desarrollar al personal con el objetivo de que ellos puedan pensar y tomar las decisiones correctas por sí mismos.

Todo el tiempo se ve en Toyota que los líderes son entusiastas en involucrar gente que efectúe el trabajo de agregar valor en la mejora de los procesos. Sin embargo, incentivar a los empleados a participar por si mismos no es suficiente para definir a un líder de Toyota. También se requiere, en una segunda dimensión, un "entendimiento profundo del trabajo" además de la experiencia de gerencia general.

Desde la perspectiva de las compañías americanas, el gerente más efectivo es aquel que tiene un Master en negocios (MBA), que entiende de cualquier negocio y puede manejar una empresa solo con ver los informes numéricos. En este caso el modelo del líder efectivo es *top-down* y sólo tiene como modelo de experiencia de dirección general al gerente burocrático. La única alternativa de ser efectivo en este tipo de empresas es a través del comando y del control. Para ello es necesario seguir una serie de reglas y políticas y medir el funcionamiento relativo de las mismas. Esto lleva a una dirección manejada por métricas, que pone el foco de atención fuera de la satisfacción del cliente o sin tener en cuenta la construcción de una organización aprendiente.

Existe otro caso en el que el líder *bottom-up* quiere desarrollar a sus empleados pero no entiende realmente el trabajo. Este liderazgo es conocido comúnmente como Grupo Facilitador. La creencia es que si un líder tiene habilidades fuertes para facilitar la conducción, puede motivar a los empleados a trabajar en conjunto hacia metas comunes. Los "facilitadores" son catalizadores pero no pueden enseñar o guiar a la gente en el contenido del trabajo. Líderes de esta estirpe pueden ser grandes motivadores de equipos y ayudar al desarrollo de los mismos. Sin embargo, ellos no tienen la experiencia de juzgar la excelencia en el trabajo y las contribuciones del personal al mismo.

El próximo tipo de liderazgo es *top-down* con un fuerte entendimiento del trabajo –un experto en el campo- que carece de gente con habilidades y puede ser un trabajador incansable. Este tipo de líder trata a los empleados como "marionetas", un problema fenomenal si se ocasionara un colapso en el trabajo. Comúnmente este líder no genera confianza a otros con menos experiencia. Al igual que el líder burocrático, da órdenes de hacer tareas exactamente como han sido solicitadas.

Por el contrario los líderes de Toyota, al tener una combinación entre profundidad de entendimiento del trabajo y la habilidad para desarrollar el mismo y, al mismo tiempo, ser mentores y liderar gente, son respetados por su conocimiento técnico así también como por su habilidad directiva. De hecho, los líderes a menudo dirigen y son mentores a través de preguntar y cuestionar todo el tiempo en toda situación.

Si bien en este caso el líder se interioriza acerca de situaciones y estrategias personales para actuar, el mismo no dará respuestas ante estas circunstancias aunque tenga el conocimiento. En la siguiente gráfica se muestra la ubicación del líder de Toyota:

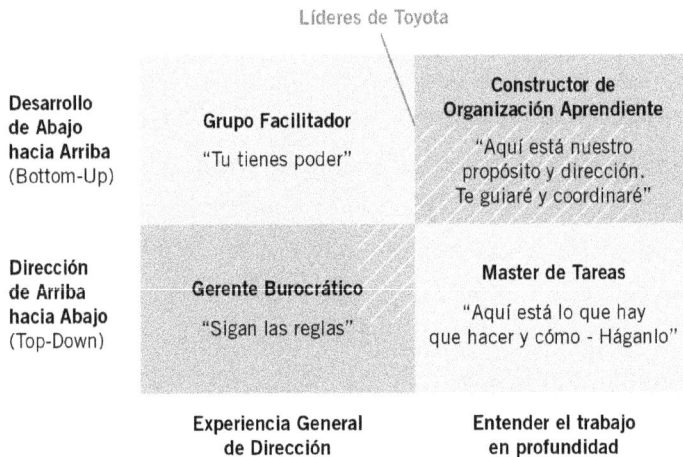

Líderes de Toyota

Desarrollo de Abajo hacia Arriba (Bottom-Up)	**Grupo Facilitador** "Tu tienes poder"	**Constructor de Organización Aprendiente** "Aquí está nuestro propósito y dirección. Te guiaré y coordinaré"
Dirección de Arriba hacia Abajo (Top-Down)	**Gerente Burocrático** "Sigan las reglas"	**Master de Tareas** "Aquí está lo que hay que hacer y cómo - Háganlo"
	Experiencia General de Dirección	**Entender el trabajo en profundidad**

Fig. N° 1. Modelo de Liderazgo de Toyota[56]

El motivo del líder de Toyota para no dar respuesta a todo –aunque la tenga- es ser constructor de una 'organización aprendiente'. Este es el primer objetivo del liderazgo de Toyota que busca generar así una fortaleza distintiva de la cultura de Toyota. Los caminos del liderazgo de esta empresa sigue los pasos de la familia Toyoda quienes desarrollaron el Principio N° 9 en su totalidad: *"Que los líderes entiendan profundamente el trabajo, vivan la filosofía y enseñen esto a otros"*.

---

[56] Liker, J., The Toyota Way, McGraw-Hill, New York, 2004 p. 181.

Una frase común escuchada en Toyota es "Antes de construir autos, nosotros construimos personas". La meta del líder de Toyota es desarrollar personas de manera de que ellos sean fuertes contribuyentes, que puedan pensar y seguir el modelo Toyota en todos los niveles de la organización. El desafío real de los líderes es tener la visión de largo plazo de saber que hacer, el conocimiento de cómo hacerlo, y la habilidad de desarrollar gente de manera de poder entender y hacer el trabajo con excelencia.

Una compañía que genera sus propios líderes y que define el rol fundamental del liderazgo como es "construir una organización aprendiente" lidera el trabajo de campo hacia un éxito genuino de largo plazo. Esto hace a la competitividad de la compañía, aspecto tenido en cuenta por los clientes al momento de confiar en un producto hecho por Toyota. En el siguiente apartado se expone la evolución que a tenido el Sistema de Producción global de Toyota, sistema en el que participa la filial de Toyota Argentina (TASA).

2.2 El sistema de producción global

Para alcanzar nuevos clientes y nuevos segmentos de mercado, Toyota incentiva el cambio continuo y las mejoras, expandiendo y diversificando sus actividades en más regiones del mundo. Para ello establece metas consideras "imposibles" de alcanzar, así llamadas por carecer muchas veces de los medios necesarios para su logro. Como ya se ha señalado en el capítulo anterior, estas metas imposibles constituyen una de las fuerzas expansivas para el cambio. Si bien estas fuerzas llevan a Toyota hacia mayor diversidad y complejidad, las fuerzas integradoras (que la empresa también posee) le permiten que la compañía avance conjuntamente e internalice experiencias y perspectivas.

De esta manera, el hecho de establecer metas imposibles motiva a la empresa a tratar nuevas situaciones e intentar evolucionar en el mercado automotriz. Osono, Shimizu y Takeuchi[57] examinan tres expresiones de esta fuerza expansiva:

- La estrategia única de globalización que traspasa a Japón para fabricar un auto global.
- El desarrollo de un nuevo estándar de auto de lujo: el Lexus, como el auto más fino vendido por las concesionarias más distinguidas.[58]
- La política del "cliente primero" que intenta encontrar cada necesidad del cliente y proveer una línea completa de vehículos en cada mercado.

Con respecto a la "meta imposible" implícita en la estrategia única de globalización, fue en 1998 que se originó la idea de sustituir a la casa matriz de Japón como el centro de fabricación mundial de Toyota. A partir de la creación de una familia de autos globales bajo el nombre de Proyecto de Vehículo Multipropósito Innovador Internacional (IMV), se comenzó a replantear el modelo de negocio global existente hasta ese momento. Este proyecto intentó cambiar el concepto de "Hecho en Japón" que tenía todo auto fabricado por Toyota.

Este cambio de paradigma de negocio presentaba un problema fundamental: producir en fábricas extranjeras sin la experiencia de producir primero en una fábrica japonesa. Hasta ese momento, Toyota preparaba producción en masa de nuevos modelos primero en Japón; y luego transfería el conocimiento y los equipos de producción a fábricas extranjeras. Todo lo relacionado con el know-how de la planificación productiva, el desarrollo de la tecnología en producción y el desarrollo de producto era centralizado en la casa matriz en Japón. A continuación se esquematiza este modelo centralizado pre-existente al proyecto IMV:

---

[57] Osono, E.; Shimizu, N. y Tekeuchi, H., Extreme Toyota, John Wiley, 2008.
[58] La meta imposible del desarrollo del Lexus como auto estándar de lujo de Toyota dirigió a la empresa a sectores donde carecía de experiencia y conocimiento, forzándola a reexaminar sus tecnologías básicas de producción y técnicas de fabricación.

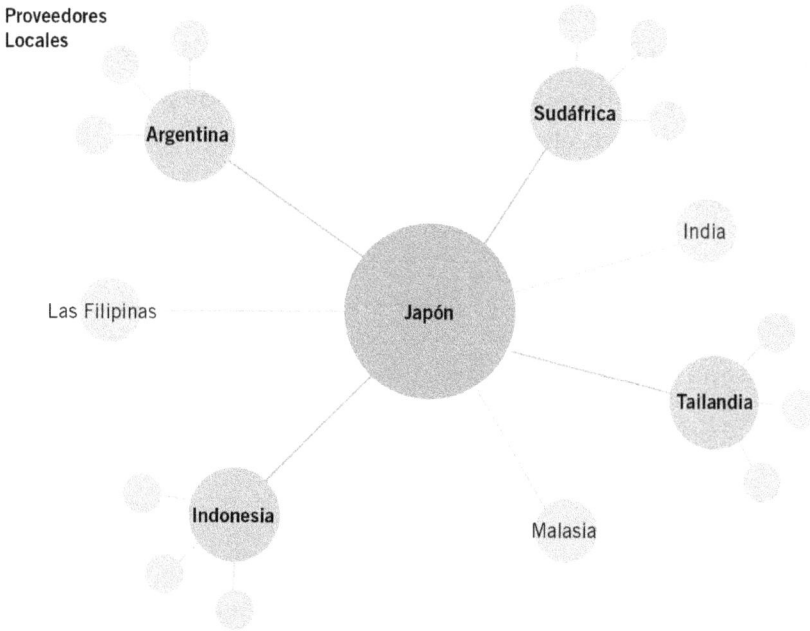

Fig. N° 2. Modelo conceptual del sistema de producción global previo a IMV[59].

El objetivo de Toyota de implementar esta "meta imposible" que implicó el desarrollo del proyecto IMV, era cambiar el sistema de producción global imperante hasta ese momento. En realidad este proyecto ha logrado conformar una red de producción que traspasa a Japón estableciendo las bases de fabricación en Tailandia, Indonesia, Argentina y Sudáfrica. De hecho, esta producción fue la primera que se realizó en plantas localizadas fuera de Japón. En septiembre de 2002, el proyecto IMV fue formalmente reconocido como una meta concreta a cumplir por la empresa.

En agosto de 2004 comienza en Tailandia la producción de las series IMV, seguida por Indonesia en septiembre de 2004. Argentina se incorpora al proyecto IMV en febrero de 2005 y Sudáfrica en abril de ese mismo año. En 2005, Toyota produjo 520.000 unidades del IMV en los cuatro países,

---

[59] Osono, E.; Shimizu, N. y Tekeuchi, H., Op. cit. p. 58.

ocupando el segundo lugar en volumen de producción detrás del Corolla (aproximadamente 1.000.000 unidades) y por delante del Camry (aproximadamente 500.000 unidades). En la siguiente figura se puede visualizar el nuevo modelo descentralizado de producción global[60]:

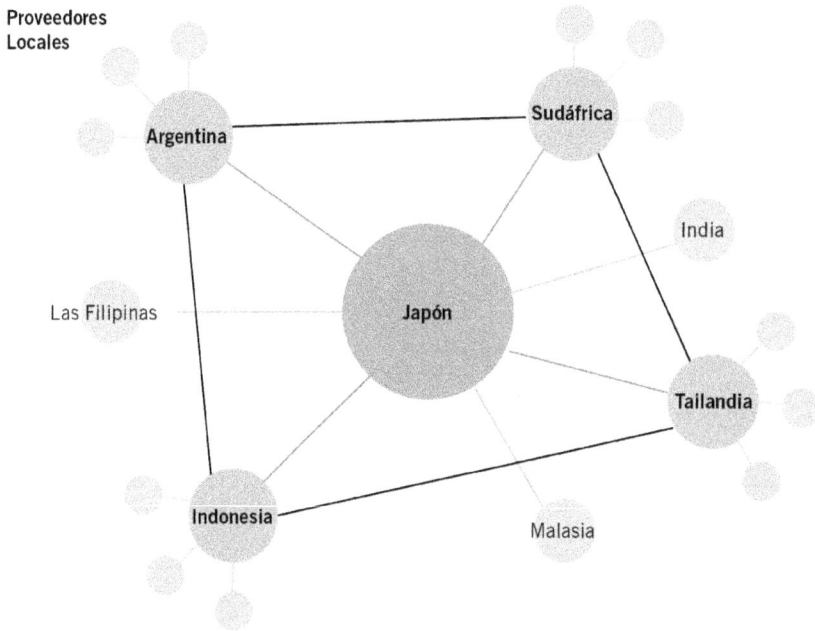

Proveedores Locales

Argentina · Sudáfrica · India · Las Filipinas · Japón · Tailandia · Indonesia · Malasia

Fig. N° 3. Modelo Conceptual del sistema de producción global luego de IMV.

En la era de la producción global, este proyecto IMV cambió la importancia del concepto "Hecho en Japón" para la empresa, dando lugar al concepto "Hecho por Toyota". Este mismo modelo es utilizado en tres tipos de vehículos –camiones, minivans y autos deportivos. Siguiendo con la política de baja diversificación, el número de modelos IMV se limitó a cinco ya que se incorporaron las preferencias del mercado local, minimizando así los cambios en especificaciones hechas por cada país. Cabe destacar que este proyecto logro alcanzar economías de escala utilizando las cuatro plantas principales localizadas en Tailandia, Indone-

---

[60] Osono, E.; Shimizu, N. y Tekeuchi, H, Op. cit. p. 58.

sia, Sudáfrica y Argentina como base de exportación para proveer mercados de 140 países (en Asia, Europa, África, Oceanía, América Central y América del Sur y Medio Este). Asimismo, países como India, las Islas Filipinas y Malasia fabricaron vehículos para sus propios mercados domésticos. En Toyota el proyecto IMV es considerado como un hito a partir del cual se cambió el sistema de producción global facilitando así su ingreso al mercado trasnacional.

En el caso de la política global del cliente primero, Toyota establece en su documento interno "El valor de Toyota" que es necesario responder a las necesidades de cada cliente de forma rápida y específica. Esta política va más allá del cliente propiamente dicho, incluyendo también a los socios de la cadena de suministro, a los trabajadores, distribuidores, concesionarias y servicios post-venta. En el siguiente apartado se profundiza esta expresión como fuerza expansiva tomando en consideración el clientelismo local.

2.3 El clientelismo local

Toyota ha desarrollado nuevas prácticas y procesos a fin de incorporar las demandas particulares de clientes en mercados locales específicos. El clientelismo local ha funcionado bien porque Toyota ha sabido valorar las ventajas que la diversidad trae a la compañía toda y, en consecuencia, ha confiado en sus operaciones locales otorgándoles cierta autonomía. Sin embargo, con el tiempo surgió una contradicción en sus cursos de acción ya que por un lado se intentaba preservar esta diversidad y autonomía mientras que por otro lado, se incentivaba a cada país a compartir sus mejores prácticas para el beneficio mutuo. A medida que la industria automotriz comenzó a globalizarse, Toyota tuvo que compatibilizar la localización de sus filiales con la conformación de una comunidad global[61].

---

[61] Osono, E.; Shimizu, N. y Tekeuchi, H, Op. cit. p. 117.

Toyota: Principios y fortalezas de un modelo de empresa

Toyota estableció su Centro de Conocimiento Global en Julio de 2002 en Torrance, California, pregonando el requerimiento fundamental de localización y comunidad global. La tarea del centro fue expandir la innovación de los mercados específicos locales en un proceso global para beneficiar a toda la compañía. Antes de establecer este centro no existía una transferencia continua de conocimiento a través de los países o la costumbre de compartir entre filiales las mejores prácticas locales en ventas y comercialización mundial.

Este tipo de funcionamiento del clientelismo local fue interpretado por la compañía como un requisito de los distintos mercados locales para poder atender a los clientes respectivos. La razón central de este cambio de proceder fue la importancia de que la compañía se adaptase a variaciones de las condiciones de coyuntura en general y las reglas de juego imperantes de cada país. Sin embargo, la globalización de los mercados ha generado ciertos cuestionamientos a este *performance* al coexistir distintas compañías en un ambiente competitivo donde la localización del cliente es relativa a las condiciones culturas, políticas y económicas de cada nación.

Actualmente, los clientes están mejor informados que antes acerca de la introducción de nuevos productos en otros mercados, demandando continuamente los mismos en sus propios países. El problema que se presenta en este caso –entre otros- es la falta de insumos de la calidad requerida por Toyota para la fabricación de ciertos modelos en determinados países subdesarrollados (como es el caso de Argentina).

Por ejemplo, en una entrevista efectuada a un directivo de ventas de una filial de la compañía ubicada en el gran Buenos Aires (Argentina), se esgrimió el motivo de la carencia de la calidad deseada de combustible en el país (materia prima) hace unos años para el desarrollo del modelo híbrido de Toyota en Argentina. Estos condicionamientos técnicos generan cierta disparidad en cuanto a la posibilidad de integración a un mercado global y, por ende, a contar con la misma gama de productos de una compañía mundial.

El espíritu de Toyota es conservar el clientelismo local como una característica distintiva de la compañía subyacente en el Centro de Conocimiento Global. En el mismo, todos los distribuidores pueden dar recomendaciones en cuanto a innovaciones producidas en su mercado específico y transmitirlas al resto. De esta manera se posibilita la implementación de las mismas en otros mercados, generando así cierta sinergia de mejores prácticas y soluciones globales para los países en los que participa esta compañía mundial.

2.4 Prioridad estratégica – El cliente primero

En 1957, Shotaro Kamiya fue el primer responsable de ventas de Toyota Motor Co. cuando Taichi Ohno era el Gerente del Sistema de Producción Toyota. Su liderazgo definió la filosofía de ventas de Toyota. Como la mayoría de los líderes de Toyota, Kamiya podría ser descripto como "un hombre hecho a medida". A diferencia de muchos empleados de Toyota hoy (quienes son contratados directamente fuera de la escuela) él se unió a Toyota como gerente de ventas en 1935 (despedido curiosamente por General Motors ese mismo año), cuando Toyota Motor Company se estaba organizando.

Toyota necesitó contratar gente experimentada y Kamiya había trabajado en Mitsui Trading Company (un socio de Toyota) y tenía mucha experiencia internacional en Estados Unidos y Europa. Kamiya terminó creando la red de concesionarios de Toyota en Japón y era también responsable de expandir las ventas de Toyota en EEUU. Eventualmente, él se convirtió en Director honorario de la compañía. Una afirmación famosa de Kamiya refleja la filosofía del "cliente primero" que él condujo y enseñó a otros a lo largo de su carrera:

Toyota: Principios y fortalezas de un modelo de empresa

"La prioridad de recibir beneficios por la venta de automóviles debería ser comenzando con el cliente, luego el concesionario, y por último, el fabricante. Esta actitud es la mejor forma de ganarse la confianza de clientes y concesionarias y por último darle crecimiento al fabricante"[62].

En Japón, las compañías de autos tienen mucha información sobre los clientes y saben cuándo golpear una puerta. En sus inicios, Toyota usó esta práctica de ventas puerta a puerta, y luego sus concesionarias, como una forma de enseñanza a sus empleados para ver y entender cosas desde la perspectiva del cliente. Ir a la fuente para ver y entender (*genchi genbutsu*) expande el entendimiento sobre qué quieren los clientes. No es suficiente para los líderes estudiar al detalle la información proveniente de comercialización o escuchar las presentaciones de marketing y así obtener un sentido abstracto del cliente.

Dado que el modelo Toyota se basa en tomar decisiones con tiempo, considerando alternativas cuidadosamente, no sorprende que Toyota se haya tomado varios años para establecer NUMMI, su primer planta americana; y luego tomarse su tiempo para localizar a Toyota en Georgetown. Cada vez que Toyota confiaba el liderazgo de esta filial en manos de líderes americanos, había un "coordinador" de la compañía proveniente de Japón que los dirigía "detrás de escena".

En 1999 fue una gran noticia que Gary Convis fuera nombrado el primer Presidente Americano de Toyota Motor Co. en Kentucky. Su selección en esta posición crítica –liderando la mayor planta externa que la compañía tenía fuera de Japón– representaba un aspecto relevante para Toyota en Estados Unidos. A los ejecutivos de Toyota les llevó 15 años poder desarrollar a Convis en alguien en quién ellos pudieran confiar para liderar el Modelo Toyota, con resultados altamente positivos.

---

[62] Liker, J., The Toyota Way, McGraw-Hill, New York, 2004. p. 177.

Su primer trabajo fuera de la Universidad de Michigan fue en la división de General Motors (GM) Buick, donde él trabajó en ingeniería y producción por tres años. En 1966 Convis fue reasignado por GM a Ford para trabajar en diferentes secciones del área de producción. En 1984, se le presentó la oportunidad de ayudar a liderar un *joint venture* con GM como director general de la planta NUMMI. Ford estaba en una situación complicada, por lo que este nuevo lugar era una alternativa interesante.

Poco tiempo pasó para que Convis se diera cuenta de que su vida, su filosofía personal y su forma de ver el mundo cambiarían enormemente a medida que él iba aprendiendo a entender el Modelo Toyota. Convis creó un diagrama en el que la filosofía del Sistema de Producción (TPS) y la cultura ocupaban un rol fundamental en el Modelo Toyota. De acuerdo con Convis, las herramientas técnicas (*JIT*, *jidoka*, *heijunka*, etc) sólo constituyen una parte del sistema en general. Pero estas herramientas pueden ser efectivas si existen también una correcta dirección y filosofía. Él consideraba que en el centro del sistema TPS se encuentra la gente.

Desde la perspectiva de la demanda, es importante señalar que esta compañía se adapta al gusto del cliente local generando cambios en productos y operaciones; e incorpora la sofisticación y diversidad de mercados locales alrededor del mundo. Por ello Toyota cuenta con una estrategia comercial particularmente flexible. En el principio Nº 10 del modelo presentado, el tópico central es el desarrollo de la gente de manera excepcional y de grupos que sigan la filosofía de su compañía.
Para ello es menester crear una cultura sólida y fuerte en la que los valores y las creencias de Toyota sean ampliamente compartidas y vividos en el tiempo. Otra cuestión importante que también cita este principio es la relevancia del entrenamiento de los individuos y de los grupos para trabajar dentro de la filosofía corporativa a fin de alcanzar resultados excepcionales. Esto significa trabajar tenazmente para fortalecer la cultura corporativa. Gráficamente:

Toyota: Principios y fortalezas de un modelo de empresa

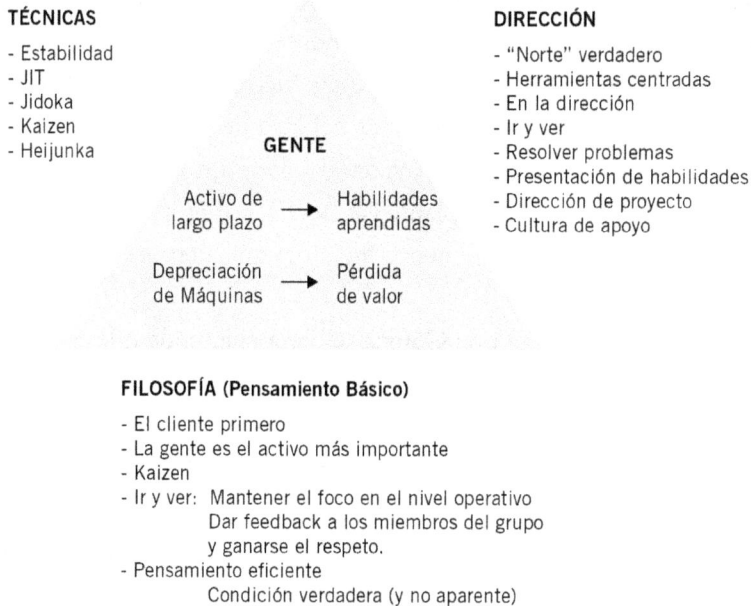

TÉCNICAS
- Estabilidad
- JIT
- Jidoka
- Kaizen
- Heijunka

GENTE

Activo de largo plazo → Habilidades aprendidas

Depreciación de Máquinas → Pérdida de valor

DIRECCIÓN
- "Norte" verdadero
- Herramientas centradas
- En la dirección
- Ir y ver
- Resolver problemas
- Presentación de habilidades
- Dirección de proyecto
- Cultura de apoyo

FILOSOFÍA (Pensamiento Básico)
- El cliente primero
- La gente es el activo más importante
- Kaizen
- Ir y ver: Mantener el foco en el nivel operativo
  Dar feedback a los miembros del grupo
  y ganarse el respeto.
- Pensamiento eficiente
  Condición verdadera (y no aparente)

Fig. Nº 4. Perspectiva de un líder de Toyota del TPS (Fuente: Gary Convis)

El otro elemento trascendente que se señala en este principio es el uso de grupos transversales funcionales que tienen por objeto mejorar la calidad, la productividad, y lograr encauzar problemas técnicos difíciles. Justamente, el *empowerment* ocurre cuando la gente usa las herramientas de la compañía para mejorarla. Finalmente, este principio indica la importancia de hacer un esfuerzo constante para enseñar a los individuos como trabajar en conjunto como grupos hacia metas comunes. En el siguiente apartado se analiza el perfil empresario que colabora en el delineamiento del modelo de negocio de Toyota por medio del cual la función de coordinación logra un buen *performance*.

Capítulo 3
El perfil de negocio de Toyota

A partir de la definición del modelo de negocio como "la representación de la arquitectura procesal de una firma y de la red o redes en las que esta involucrada"[63], se analiza el perfil empresario de Toyota a partir del componente que versa sobre la estrategia seleccionada por la compañía. Seguidamente, se presenta el modelo desarrollado con anterioridad con la exposición de sus componentes: *(ver Fig. 1)*

Todo modelo de negocio se sustenta en el perfil empresario que lidera a la compañía. En el caso de Toyota en principio es menester conocer el estilo corporativo de la compañía. Se podría afirmar que esta compañía automotriz de origen japonés es conservadora en cuanto al crecimiento de la envergadura de la empresa. Esto es así porque todo el tiempo se intenta evitar una disminución en la calidad del producto -uno de los objetivos primordiales de Toyota– cualidad que se podría ver afectada ante un crecimiento acelerado de la firma.

Otro objetivo fundamental de esta empresa se basa en la búsqueda tanto de la excelencia en los procesos de fabricación como en la incorporación de tecnología de punta (por ejemplo, la implementación del motor híbrido). Por este motivo, la medición genérica que realizan las encuestadoras del

---

[63] Meléndez, H., "Modelo de Negocio", Revista Cuestiones sociales y económicas, Facultad de Ciencias Sociales y Económicas, Año V, Julio 2007, p.32.

Toyota: Principios y fortalezas de un modelo de empresa

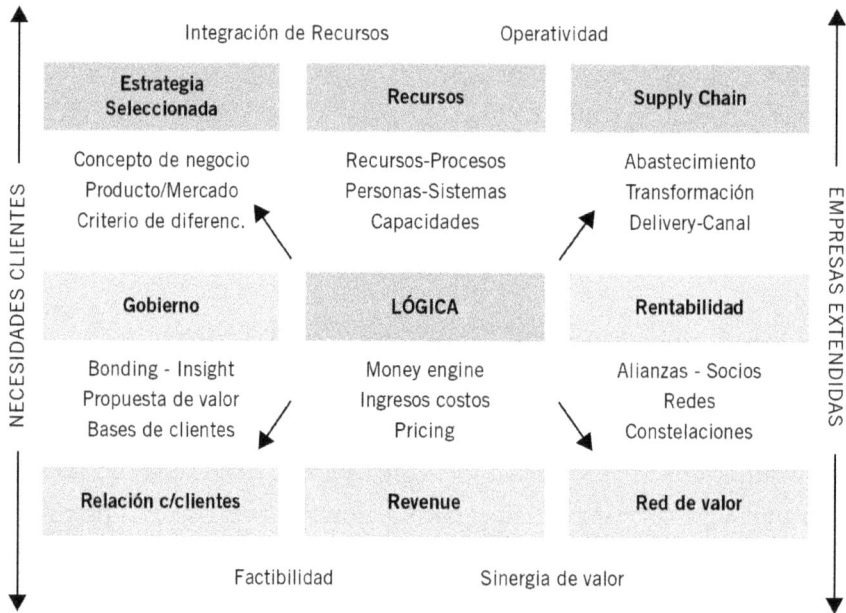

Fig. Nº 1. Modelo de Negocio (Dr. Horacio Meléndez)[64]

sector sobre el "ranking" o el posicionamiento otorgado a las empresas automotrices en el liderazgo global de mercado no es una preocupación de Toyota.[65] Para la empresa, el hecho de poseer el liderazgo global del mercado genera cierta "incomodidad" en cuanto a la potencial falta de desafíos y posibilidades de mejora que esto podría ocasionar.

Otra característica interesante de su modelo de negocio es la baja diversificación en la gama de productos que ofrece. Esta política de diversificación acotada de productos permite el logro de una mayor eficiencia en la producción. Si se analiza al sector automotriz mundial, todos los compe-

---

[64] Meléndez, H., Op. cit, p. 40.

[65] En una entrevista con directivos locales se señalaba que "Cuando se lee y escucha a los altos directivos mundiales de la empresa se puede percibir que no están cómodos en la posición de primer fabricante mundial. Hablan de temporalidad, de riesgos en algunos mercados y de mantener el perfil bajo".

Capítulo 3
El perfil de negocio de Toyota

A partir de la definición del modelo de negocio como "la representación de la arquitectura procesal de una firma y de la red o redes en las que esta involucrada"[63], se analiza el perfil empresario de Toyota a partir del componente que versa sobre la estrategia seleccionada por la compañía. Seguidamente, se presenta el modelo desarrollado con anterioridad con la exposición de sus componentes: *(ver Fig. 1)*

Todo modelo de negocio se sustenta en el perfil empresario que lidera a la compañía. En el caso de Toyota en principio es menester conocer el estilo corporativo de la compañía. Se podría afirmar que esta compañía automotriz de origen japonés es conservadora en cuanto al crecimiento de la envergadura de la empresa. Esto es así porque todo el tiempo se intenta evitar una disminución en la calidad del producto -uno de los objetivos primordiales de Toyota– cualidad que se podría ver afectada ante un crecimiento acelerado de la firma.

Otro objetivo fundamental de esta empresa se basa en la búsqueda tanto de la excelencia en los procesos de fabricación como en la incorporación de tecnología de punta (por ejemplo, la implementación del motor híbrido). Por este motivo, la medición genérica que realizan las encuestadoras del

---

[63] Meléndez, H., "Modelo de Negocio", Revista Cuestiones sociales y económicas, Facultad de Ciencias Sociales y Económicas, Año V, Julio 2007, p.32.

Toyota: Principios y fortalezas de un modelo de empresa

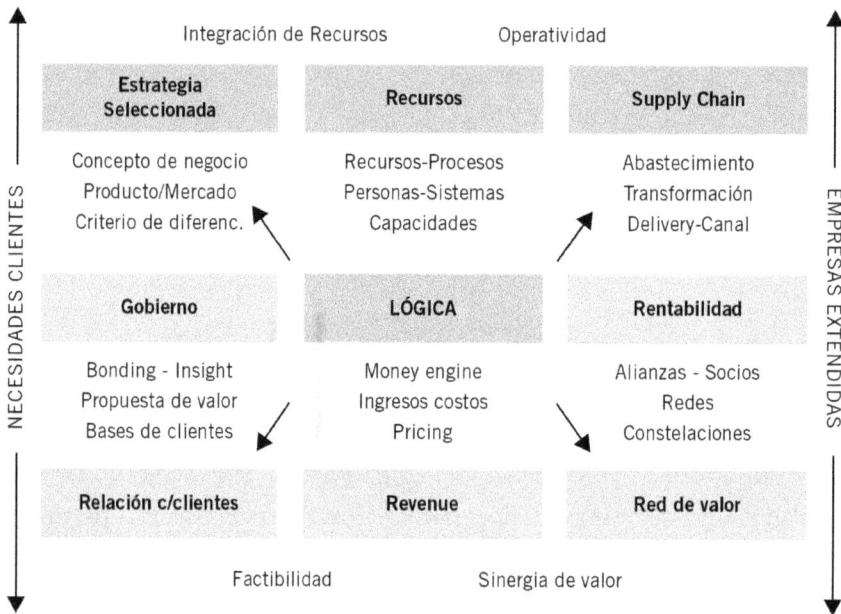

Integración de Recursos   Operatividad

Estrategia Seleccionada	Recursos	Supply Chain
Concepto de negocio Producto/Mercado Criterio de diferenc.	Recursos-Procesos Personas-Sistemas Capacidades	Abastecimiento Transformación Delivery-Canal
Gobierno	LÓGICA	Rentabilidad
Bonding - Insight Propuesta de valor Bases de clientes	Money engine Ingresos costos Pricing	Alianzas - Socios Redes Constelaciones
Relación c/clientes	Revenue	Red de valor

NECESIDADES CLIENTES   EMPRESAS EXTENDIDAS

Factibilidad   Sinergia de valor

Fig. Nº 1. Modelo de Negocio (Dr. Horacio Meléndez)[64]

sector sobre el "ranking" o el posicionamiento otorgado a las empresas automotrices en el liderazgo global de mercado no es una preocupación de Toyota.[65] Para la empresa, el hecho de poseer el liderazgo global del mercado genera cierta "incomodidad" en cuanto a la potencial falta de desafíos y posibilidades de mejora que esto podría ocasionar.

Otra característica interesante de su modelo de negocio es la baja diversificación en la gama de productos que ofrece. Esta política de diversificación acotada de productos permite el logro de una mayor eficiencia en la producción. Si se analiza al sector automotriz mundial, todos los compe-

---

[64] Meléndez, H., Op. cit, p. 40.

[65] En una entrevista con directivos locales se señalaba que "Cuando se lee y escucha a los altos directivos mundiales de la empresa se puede percibir que no están cómodos en la posición de primer fabricante mundial. Hablan de temporalidad, de riesgos en algunos mercados y de mantener el perfil bajo".

tidores europeos y americanos tienen mayor extensión de "line up" (modelos de automóviles) con mayor grado de equipamiento por segmentos de mercado. En el caso de Toyota, la rigurosidad por garantizar la calidad y la satisfacción del cliente con cierta tecnología hace que el equipamiento o las versiones de un modelo sean más acotadas.

Es importante destacar que cualquier requerimiento del cliente que lleve a la innovación del producto debe pasar por el tamiz de las especificaciones técnicas de producción. Si no hay certeza en la factibilidad de su *performance*, no se realizan cambios. Desde la perspectiva de la empresa, el cliente es fiel a la compañía porque hay confiabilidad en el producto más allá de las mejoras de diseño que podrían tener.

Para explicar el perfil de negocio de Toyota a partir del método de dinámica sistémica, se expone lo expresado precedentemente en el siguiente diagrama causal. El estilo conservador de esta compañía tiene como elemento fundamental la alta calidad del producto, cualidad que se ve beneficiada por la estandarización del proceso. El interés de asegurar la calidad a través de una estandarización a ultranza lleva indefectiblemente a una baja diversificación de productos. Esto le da cierta rigidez a la compañía limitando así la flexibilidad para la realización de cambios y la innovación en el diseño de los productos.

Sin embargo, el estilo conservador de Toyota aumenta la confiabilidad en el producto ya que el cliente sabe que cualquier cambio de diseño del mismo debe pasar por la factibilidad técnica de producción. En el siguiente esquema se expone este patrón de comportamiento: *(ver Fig. 2)*

A partir de la figura precedente se puede afirmar que el perfil conservador de Toyota genera un rizo reforzador originado por una alta estandarización de los procesos y productos y, por ende, una baja diversificación con su consecuente falta de flexibilidad para efectuar cambios e innovar.

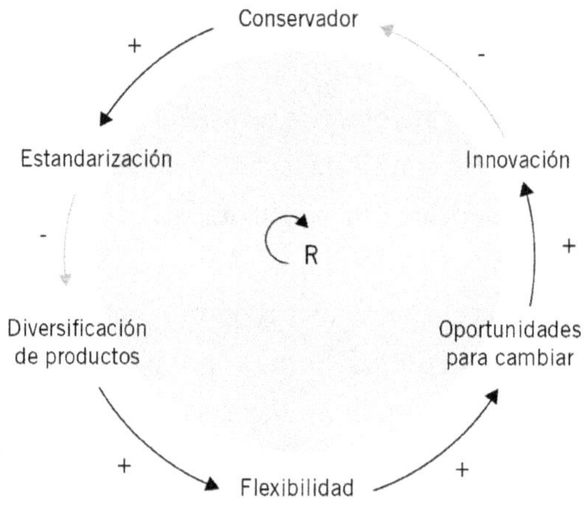

Fig. N° 2. Diagrama causal de los efectos del perfil de negocio de Toyota.

Seguidamente se analiza la forma de gobierno corporativo subyacente en Toyota: el *keiretsu* japonés, uno de los componentes de su Modelo de negocio.

3.1 Gobierno Corporativo

En los últimos años, distintos autores han debatido la importancia relativa de redes y jerarquías necesarias para coordinar el trabajo organizacional. [66]Como ya se ha señalado en el capítulo anterior, entre los extremos definidos por el mercado y las organizaciones (jerarquías) existe un "área gris" que permite muchas posibilidades de estructuras de actividades intermedias o híbridas. Esta variedad de formas organizacionales da origen a la conformación de redes entre individuos, organizaciones e industrias.

Estas redes organizacionales generan una interdependencia que es fundamental para la provisión de capacidades de aprendizaje superior y

---

[66] Nohria, N. & Eccles, R., Networks and Organizations, Harvard Business School Press, 1992.

para la flexibilidad en la toma de decisiones. Sin embargo, la existencia de una estructura de gobierno o gobierno corporativo es imprescindible para lograr el orden y priorizar los objetivos. Desde la perspectiva transaccional, la estructura de gobierno no sólo regula las transacciones económicas que se efectúan sino que especifican el tipo de relaciones entre los distintos participantes de la empresa (accionistas, el Consejo de Administración, la gerencia, los proveedores, etc.) coordinando las acciones entre las partes.

En este caso, una situación híbrida o mixta es caracterizada por los "contratos relacionales" que también pueden ser "implícitos".[67] De esta manera, se pueden subcontratar actividades de varias formas, incluyendo la opción de armar una "red de subcontratistas" comunicados entre sí y que reciben instrucción de un centro de operaciones. Es importante señalar la afirmación de Williamson al enfatizar que la frecuencia de intercambios entre Toyota y sus proveedores constituye un elemento que lleva a la cooperación y beneficia a la función de coordinación entre las partes.

3.2 El caso del *Keiretsu* Japonés[68]

El caso del *Keiretsu* japonés constituye una forma de gobierno corporativo basado en el modelo de control social o de los "stakeholders".

[67] Kafka, F., Derecho de Propiedad, costos de transacción y economía de las organizaciones., Univ. de Pittsburgh (USA) y Univ. del Pacífico (Perú), Nov. 1994. pp. 21.

[68] Antes de analizar el keiretsu japonés como forma de gobierno corporativo, es importante diferenciar el término Keiretsu propiamente dicho del de Keiretsu Business Groups (KBGs) analizado por Ming, G.y -Lai H. "Knowing who you are doing business with in Japan: A managerial view of Keiretsu and Keiretsu Business Groups". Estos autores afirman que mientras el Keiretsu es un acuerdo organizacional creado por un grupo de compañías, los KBGs constituyen grupos de negocios que usan al Keiretsu como diseño para acordar sistemáticamente u organizar relaciones entre compañías. Cabe destacar que, para este estudio, se considera el concepto de keiretsu japonés como Keiretsu propiamente dicho.

Toyota: Principios y fortalezas de un modelo de empresa

Más allá de lograr la satisfacción económica de los accionistas, en este modelo se intenta encontrar un equilibrio entre los intereses -a veces contradictorios- de todos aquellos agentes que tienen cierta participación en la empresa (accionistas, empleados, proveedores, etc.). Para Williamson, la "relación inusual" entre Toyota y sus subcontratistas surge porque a esta empresa le fue posible enfatizar desde el inicio que todos enfrentan un "destino común".

Desde una perspectiva financiera, Douthett y Jung[69] analizan el *keiretsu* horizontal (o financiero) tomando en consideración la estructura de propiedad de las firmas japonesas. Esta estructura de propiedad corporativa esta constituida principalmente por accionistas corporativos e instituciones financieras que poseen una participación importante de acciones. La propiedad de un gran número de firmas industriales japonesas esta representada por pequeños grupos de empresas compuesto por firmas pertenecientes a diferentes industrias.

Asimismo, el control del funcionamiento directivo es incrementado por la coalición *keiretsu* que, de esta manera, conduce a las empresas hacia un comportamiento eficiente y cooperativo.[70] Las firmas que conforman el *keiretsu* horizontal mantienen de manera cercana los vínculos financieros y personales a través de la tenencia cruzada de capital por parte de accionistas, créditos relacionados y directorios corporativos compartidos por varios miembros del *keiretsu*. Gráficamente, se expone el conglomerado Mitsui como ejemplo de un *keiretsu* japonés tomando en consideración algunas empresas industriales —entre ellas Toyota-, financieras y comerciales que lo conforman:

---

[69] Douthett, E. y Jung, K., "Japanese Corporate Grouping (Keiretsu) and the informativeness of Earnings", Journal of International Financial Management and Accounting, Blackwell Publishers Ltd. 2001.

[70] Berglöf, E. and Perotti, E., "The governance structure of the Japanese financial keiretsu, Journal of Financial Economics 36, pp. 259-284.

Mitsu & Co.
Mitsui Marine
Mitsui Sudocean
(Tarnsporte de auto-partes)

**Compañía Comercial
(Sogo Sosha)**

**Banco
Cía.**

Sakura Bank

**Organización Propia
del Keiretsu japonés**

**Compañías
Industriales**

Toyota Motors
Mitsui Chemical
Japan Steel Works

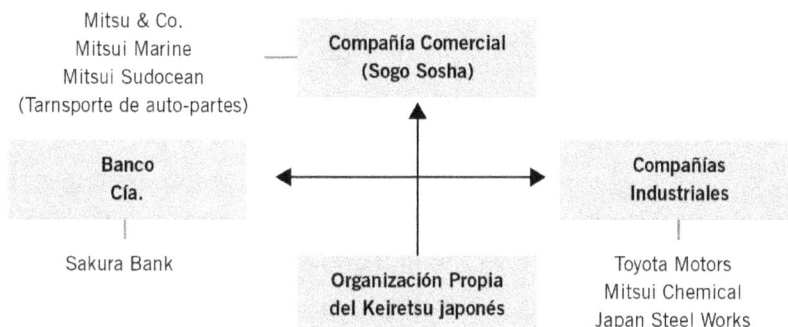

Fig. Nº 3. Modelo de *Keiretsu* Japonés.

El *keiretsu* horizontal se sustenta en el apoyo financiero de un gran banco comercial. Generalmente, esta institución financiera es el prestador principal para los miembros del grupo. Éste posee un número significativo de acciones en grupos de firmas, y habitualmente forma parte de la dirección corporativa. Esta forma de gobierno corporativo esta inmersa en empresas de distintas industrias, que se enlazan en relaciones de largo plazo, intercambiando cuotas de capital entre las mismas, creando derechos de voto recíprocos, etc.

A partir del análisis precedente, se puede afirmar la existencia de cierta similitud entre el *keiretsu* horizontal y los grandes conglomerados. Sin embargo, dicha semejanza desaparece cuando se aborda el análisis del *keiretsu* vertical como forma de gobierno corporativo. El *keiretsu* vertical difiere del *keiretsu* horizontal en dos aspectos esenciales.[71] Primero, el *keiretsu* vertical tiende a focalizarse en un tipo de industria en lugar de varias. Segundo, la compañía líder se centraliza en un pequeño número de actividades. En el caso de Toyota, por ejemplo, su atención esta dirigida al ensamble y diseño de motores de vehículos.[72]

[71] Edwards, C. y Sumimi, R.: "Japanese Interfirm networks: Exploring the seminal sources of their success", Journal of Mangement Studies, Jul.97, Vol.34 Issue 4, p. 489, 22p.

[72] Es importante destacar que Toyota participa tanto de un *keiretsu* horizontal como de un *keiretsu* vertical.

Toyota: Principios y fortalezas de un modelo de empresa

El *keiretsu* vertical genera una alta relación de cooperación entre Toyota y su red de proveedores. En este sentido, se puede afirmar que el *keiretsu* vertical constituye una forma de gobierno corporativo por medio de la cual la función de coordinación se logra a través de una actitud cooperativa de sus miembros. Cabe destacar que, si bien una de las "redes" del *keiretsu* vertical es la de proveedores, también existen redes en la distribución, el marketing y la venta de productos terminados así también como en los servicios post-venta.

Al efectuarse la unión de derechos de voto, la coalición puede ejercer el control sobre las decisiones estratégicas de cualquier firma del grupo, asegurando así los incentivos o la motivación necesaria para evitar el comportamiento oportunístico de los directivos. De esta manera, el *keiretsu* japonés es una forma de gobierno corporativo por medio de la cual se beneficia a la función de coordinación en la organización y entre sus participantes al ser integrantes del mismo.

3.3 La importancia de la coordinación en el *keiretsu*

Un cuestionamiento relevante que se efectúa Coase[73] al analizar la función de coordinación es por qué esta función recae sobre el mecanismo de precios en el mercado y sobre el empresario en la jerarquía. Como ya se ha señalado anteriormente, el hecho de tener organizaciones jerárquicas en lugar de mercados, transforma –pero no elimina– los problemas de coordinación en uno de carácter de *management* de la firma. El rol esencial de la dirección empresaria es asegurar la coordinación a través de la toma de decisiones y las acciones a ejecutar.

De acuerdo al artículo publicado por KPMG[74], "el Gobierno Corpora-

---

[73] Coase, R., "The nature of the firm", Económica, 4, 1937, pp. 477-491.
[74] KPMG, "Corporate Governance", Código de Mejores Prácticas Corporativas, México, 2001, p. 8.

tivo es el proceso utilizado para dirigir y mejorar las actividades de la organización con el objetivo de agregar valor a los accionistas". Desde esta perspectiva jerárquica se podría inferir que el funcionamiento de una organización es influenciado no sólo por la relación contractual entre principales y agentes, sino también por su estructura interna de gobierno que, en definitiva, es la que coordina las transacciones de la firma con las partes.

La función clave de la dirección en las organizaciones es asegurar la coordinación. El éxito de la compañía depende del logro de una coordinación eficaz de las acciones de los distintos agentes que la componen (desde su personal hasta el de sus proveedores, concesionarias, etc.). La presencia de un sólido gobierno corporativo persigue asegurar la centralización de esfuerzos mancomunados hacia metas comunes fijadas por toda la organización.

Esto conlleva a una descentralización en la toma de decisiones que permite obtener la concreción y continuidad de un plan factible y apropiado. Esta descentralización genera las bases para la transferencia de conocimiento entre los miembros del *keiretsu*, disminuyendo de esta manera la asimetría de información entre las partes. Al mismo tiempo, esta transferencia de conocimiento requiere imperiosamente de la coordinación de las actividades, para una mejor sincronización de las tareas y la consecuente estandarización del proceso productivo. En el siguiente esquema se expone este patrón de comportamiento que origina un diagrama causal "compensador" (o de balance). Ver Fig.4.

Este patrón de comportamiento constituye las bases para globalizar a la Corporación Toyota que sigue descentralizando no solo las actividades productivas de su Casa Matriz sino también el proceso decisorio que influye en el aprovechamiento de las oportunidades que se presentan

Toyota: Principios y fortalezas de un modelo de empresa

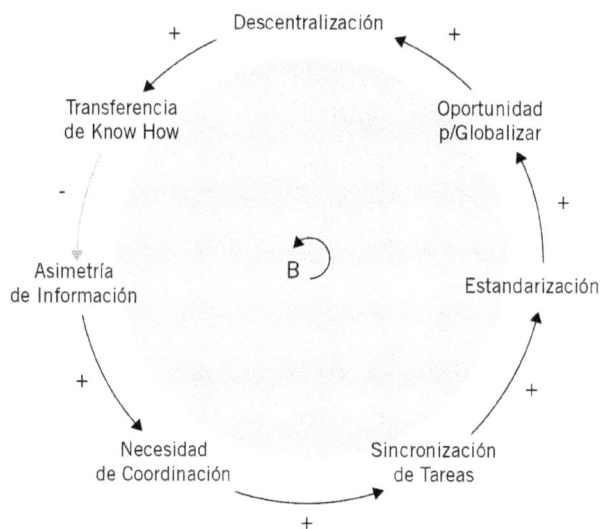

Fig. Nº 4. Diagrama causal de los efectos generados por el *keiretsu* japonés.

localmente a nivel mundial. Este proceder genera, como efecto positivo, la minimización de los costos transaccionales de coordinación.

Si se vincula el perfil de negocio de la compañía con el gobierno corporativo (*keiretsu* japonés) se puede dilucidar a la estandarización como el elemento central de dos diagramas causales que se complementan entre sí. Desde una perspectiva sistémica integral, se puede señalar que el modelo de negocio presenta el siguiente patrón de comportamiento:

Como ya se ha señalado anteriormente, el perfil conservador de Toyota genera un rizo reforzador originado por una alta estandarización de los procesos[75]; al mismo tiempo que además presenta un rizo compensatorio en el que la descentralización desempeña un rol importante en la tercerización de los componentes del proceso.

---

[75] Esto no implica una alta estandarización de los componentes o subproductos que, de hecho, se tercerizan en su mayoría.

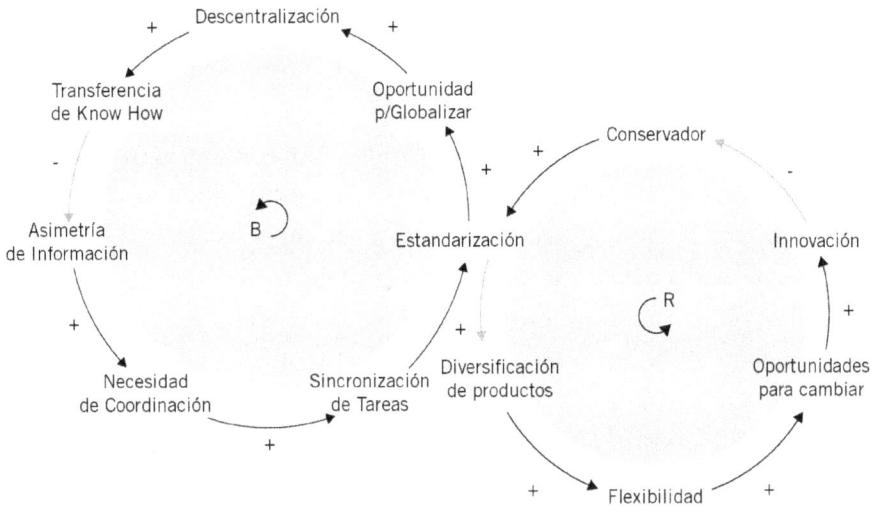

Fig. N°5. Diagrama causal con efectos de coordinación generados por el Modelo de negocios.

Es aquí donde la coordinación ocupa un lugar central en el Modelo de negocios. Esto es así porque la coordinación ayuda a mejorar el funcionamiento a largo plazo de las compañías individuales y de la cadena de suministro como un todo a través y dentro de las funciones del modelo de negocios.[76] De esta manera, este patrón de comportamiento genera, como efecto positivo, una buena *performance* de la función de coordinación en la compañía.

En este caso, la hipótesis dinámica se define de la siguiente manera:

"La descentralización del proceso decisorio y productivo inmerso en el modelo global de negocios de Toyota genera una baja asimetría de información entre las partes integrantes del gobierno corporativo. Esto ocasiona un efecto positivo en el performance de la función de coordinación y, por ende, una mejor sincronización de tareas. Como resultado la

---

[76] Mentzer, J., DeWitt, W. Keebler, J., Nix, N., Smith, C., y Z, G. "Defining supply chain management", Journal of Logistics, 22(2):1-25, 2001.

Toyota: Principios y fortalezas de un modelo de empresa

estandarización es elevada, hecho que incrementa las oportunidades de Toyota para expandirse mundialmente."

Si una de las partes del *keiretsu* debe enfrentar una situación no prevista en el contrato inicial -la cual podría generar cierto "ruido" o disturbio en el normal funcionamiento de la relación- la adaptación de la parte pertinente dependerá de la confianza existente entre los agentes involucrados. Si bien no forma parte del objetivo de este trabajo el estudio de la función de motivación en el ámbito del análisis del modelo de negocio, la motivación constituye una función importante del desempeño del *keiretsu* japonés, motivo por el cual merece una observación especial en esta sección.

3.4 El rol de la motivación en el *keiretsu* japonés

Desde la perspectiva de Williamson, el estilo de alianza de gobierno presente en la forma *keiretsu* tiene por objetivo debilitar el oportunismo entre las partes de un contrato. "Los empresarios japoneses hacen más hincapié en la construcción de una relación personal que en la elaboración de un contrato detallado; todas la decisiones las toma el grupo antes que el individuo; de ordinario no se consulta a los abogados durante las negociaciones"[77]. Esto genera un mayor vínculo entre las partes e incentiva al compromiso mutuo.

El verdadero problema surge cuando una o ambas partes en una transacción efectúan inversiones en activos específicos o recursos estratégicos. Por un lado, la empresa que invierte en este tipo de activo o recurso corre el riesgo de que uno de sus "socios" se lo apropie o lo transfiera a la competencia. Según Williamson, estas situaciones peligrosas quedan sin efecto cuando existe un compromiso avalado por una forma de gobierno

---

[77] Kitawa, Z. cito en Williamson, O.. Las instituciones económicas del capitalismo, Fondo de Cultura Económica, 1985, p. 129.

que asegura, en cierta medida, el buen comportamiento de las partes ante contingencias no previstas.

Sin embargo, para Ouchi[78] los problemas de cooperación no resultan del riesgo de un comportamiento oportunista que enfrentan las partes. Es decir, el principal impedimento para cooperar entre las partes de una transacción no yace en la necesidad de cada parte de salvaguardarse en contra del agente que tomo una ventaja injusta de la relación. Para el autor, el problema radica en la dificultad de identificar la contribución hecha por cada parte en la transacción. En consecuencia, los inconvenientes técnicos de medición de las respectivas contribuciones de las partes en la transacción constituyen el principal problema de motivación de los agentes involucrados.

A pesar de que tanto Williamson como Ouchi definen "eficiencia" en términos de la minimización de los costos de transacción, la diferencia puntual entre ambos es el motivo que genera dichos costos. Para Ouchi los costos de transacción relacionados con la función de motivación, son aquellos que "necesariamente crean una percepción de equidad entre las partes de la transacción"[79]. Para este autor, cada forma de gobierno es evaluada en términos de su capacidad para encontrar esta "demanda de equidad", esto es posibilitar establecer un precio justo al vendedor y comprador.

Williamson considera que los costos de transacción –relacionados con la función de motivación- son principalmente costos asociados con el intento de evitar el oportunismo entre las partes. Este autor asume que la motivación de las partes no es determinar un precio justo sino obtener

---

[78] Ouchi, W. en Maitland, I., Bryson, J. y Van De Ven, A.: "Sociologists, Economists, and Opportunism", Academic of Management Review, 1985, Vol 10, N°1, pp. 59-65.

[79] Ouchi, W. G., "Markets, bureaucracies and clans", Administrative Science Quartely, 1980a, 25, 129-142, p.131.

un precio adecuado a la situación. En este caso, la elección del mercado como mecanismo de coordinación ante una determinada transacción no reside en su habilidad para ayudar a las partes a definir un precio ecuánime. Lo importante para Williamson es limitar y disminuir los problemas de oportunismo.

En el caso del *keiretsu* japonés, de existir una conducta oportunista de alguna de las partes de la transacción, queda evidencia de la misma a corto o mediano plazo. Esto genera una discontinuidad de la relación y / o la toma de medidas paliativas que aseguren el alineamiento de las partes hacia un objetivo común. Estas medidas llevan a una coordinación interna del grupo *keiretsu*, donde todas las partes conforman una unidad integrada. En el siguiente apartado, se analiza la cadena de suministro de Toyota —especialmente la logística— como complemento de estas alianzas de empresas que, en forma conjunta, conforma la red de valor del modelo de negocio de la compañía.

Capítulo 4
Cadena de Suministro

La administración de la cadena de suministro es un tema central en el modelo de negocio de Toyota. Con respecto a este tema, Williamson argumenta que "es la idiosincrasia del trabajo –esto es, habilidades específicas importantes del trabajo y conocimiento de la tarea específica relacionada– la que explica la organización empresaria"[80]. De esta manera, el enfoque general que se le da al concepto de cadena de suministro en este capítulo esta conformado por el flujo completo de información, materiales y servicios que se inicia con proveedores, pasa por las fábricas y almacenes hasta llegar al consumidor final.

En realidad, la cadena de suministro consiste en las transacciones efectuadas por los proveedores, los centros de manufactura, los centros de distribución y comercios, así también como las materias primas, el inventario de productos en proceso, y los productos terminados que fluyen entre las actividades. "La dirección de la cadena de suministro es un conjunto de elementos usados eficientemente para integrar proveedores, fabricantes, depósitos y almacenes de manera que la mercadería es producida y distribuida en la cantidad correcta, al lugar correcto, y en el momento correcto para minimizar costos en todo el flujo del sistema mientras se satisfacen los servicios requeridos".[81]

---

[80] Williamson, Oliver, Mercados y Jerarquías,.Fondo de Cultura Económica, México. 1975.
[81] Simchi-Levi, D., Kaminky, P. and Simchi-Levi E., Managing the Supply Chain, McGraw-Hill, 2004.

Toyota: Principios y fortalezas de un modelo de empresa

Este capítulo se focaliza en el tópico de la cadena de suministro que va del proveedor a la fábrica y específicamente se analiza la relación de Toyota con sus proveedores y la logística que subyace en el método del servicio de cross-docking en Norteamérica. La forma en que las organizaciones se encuentran vinculadas constituye un tema de interés que va variando con los avances de la tecnología y el tiempo.

Si bien la cadena de suministro sirve a todos los niveles de la organización, el objetivo de este capítulo se circunscribe al nivel estratégico ya que el modelo de negocios se gesta en este nivel. Definitivamente, el diseño de la cadena de suministro debe estar alineado con el perfil de negocios de la compañía. La extensión de la firma a través de la separación de las actividades que conforman toda cadena de valor ha generado un incremento en la comunicación entre distintas asociaciones que interactúan entre sí y se complementan en la operatoria diaria de la organización.

Esta "de-construcción" e integración sucesiva de la cadena de valor ha suscitado implicancias en el diseño de las cadenas de suministros. De esta manera, la función de coordinación dentro de la misma es esencial para el logro de un flujo eficiente tanto de bienes como de información. Toyota utiliza esta función como una ventaja competitiva no solo para disminuir sus costos transaccionales de coordinación sino también para mantener bajo su inventario.

Antes de abordar la temática sobre la relación de Toyota y sus proveedores, es importante dilucidar los motivos que tiene una compañía para fabricar o comprar cierto bien.

4.1 Fabricar o comprar

En principio, la decisión de fabricar un determinado subproducto o componente en lugar de subcontratar este servicio a una empresa del mercado (*outsourcing*) se fundamenta en una serie de factores. El hecho de internalizar la producción de un insumo o actividad en la empresa requiere una asignación de recursos. La restricción de estos recursos lleva a las empresas a limitar la producción de actividades a aquellas que tengan un mayor retorno.

De esta manera, las empresas a menudo contratan algunas actividades a otras firmas. Cuando esas actividades incluyen cierta tecnología específica, las empresas efectúan contratos explícitos con las especificaciones requeridas. Estas subcontrataciones originan la necesidad de coordinar un flujo de productos y servicios entre la empresa contratante y las demás empresas relacionadas, generándose así los costos transaccionales de coordinación y motivación.

De acuerdo a la Teoría de los costos de transacción, la organización jerárquica (la empresa) es más conveniente para administrar o gestionar ciertas actividades en comparación con el mercado por cuatro razones principales:
- potenciales problemas de oportunismo de una de las partes;
- la existencia de recursos estratégicos;
- la especificidad de ciertos activos; y
- la incertidumbre y asimetría de información presentes en una situación.

El primer motivo para seleccionar la fabricación propia dentro de la compañía se presenta cuando una actividad subcontratada contiene tecnología avanzada cuya propiedad le pertenece. Es posible que el conocimiento de dicha actividad sea transferida también a un competidor, el cual podría mejorar su posición competitiva en la industria. En este caso, la firma contratante esta expuesta a riesgos asociados con el potencial ejercicio de comportamiento oportunismo por parte de la empresa subcontratada.

Toyota: Principios y fortalezas de un modelo de empresa

La segunda razón por la cual una empresa podría preferir producir una determinada actividad en lugar de recurrir al mercado se da cuando el recurso es estratégico. Un componente o actividad a ser subcontratado podría constituir una barrera de entrada para cualquier competidor. Si esta actividad es subcontratada, el proveedor del suministro podría ejercer un poder monopólico en la firma que subcontrata.

La especificidad de los activos constituye la tercera razón por la cual se intenta evitar la subcontratación. Un proveedor podría requerir invertir en equipos o desarrollar habilidades específicas solo para la empresa contratante. En este caso, la inversión podría no tener una alternativa de uso para el proveedor y así convertirse -una vez efectuada la inversión- en esclavo del precio (o cantidad) que la empresa contratante haya fijado para dicha actividad o insumo.

Por último, tanto la incertidumbre imperante -en cuanto a las contingencias impredecibles que pueden aparecer- como la asimetría de información entre las partes involucradas son elementos que dificultan la concreción de las transacciones entre las partes. En industrias maduras la incertidumbre del sector disminuye, motivo por el cual las ventajas de la integración vertical (producción dentro de la empresa) decrecen y las relaciones en red que la forma de gobierno *keiretsu* ofrece a las empresas son preferibles.

Desde la Visión basada en los recursos la compañía se debe focalizar en las competencias centrales, que son las que generan sus ventajas competitivas. Sin embargo, en este caso aparece un dilema en cuanto a que componente debería ser fabricado internamente y cual debería ser comprado a proveedores. En un modelo desarrollado por Fine y Whiteney[82],

---

[82] Fine, Ch. Y Whitney, D. "Is the Make-Buy Decision Process a Core Competence? Working Paper, MIT, 1996 en Simchi-Levi, D., Kaminky, P. y Simchi-Levi E., Managing the Supply Chain, McGraw-Hill, 2004.

se destacan dos categorías importantes de motivos a los que la compañía podría recurrir para comprar a proveedores (*outsourcing*):

Dependencia en Capacidad. En este caso la compañía tiene el conocimiento y las habilidades requeridas para producir el componente pero por varias razones decide tercerizar la fabricación del mismo.

Dependencia en el Conocimiento. En este tipo de dependencia la compañía no tiene la gente, habilidades y conocimientos requeridos para producir el componente y se terceriza esto de manera de tener acceso a esas capacidades. Sin embargo, la compañía tiene que tener el conocimiento y las habilidades para evaluar las necesidades del cliente y convertir esto en requerimientos claves y características que el componente debería tener.

En el caso de Toyota, Simchi-Levi y otros autores observan que "Toyota parecería variar sus prácticas de *outsourcing* dependiendo del rol estratégico de los componentes y subsistemas"[83]. Desde el punto de vista estratégico, cuanta mayor importancia tiene el componente, menor es la dependencia en conocimiento o capacidad. Esto requiere un mayor entendimiento del proceso productivo al momento de tercerizar algún componente.

Para ello es importante distinguir entre producción integral y modular. Un producto modular puede ser fabricado combinando distintos componentes, ya sea porque los componentes son independientes entre sí; porque son intercambiables o porque se utilizan interfaces estándares. La modularidad también se origina tanto porque existe un componente diseñado o mejorado -independientemente de otros componentes– como por la preferencia del cliente, que es quien determina la configuración del producto.

---

[83] Simchi-Levi, D., Kaminky, P. and Simchi-Levi E., Op. cit, p.145.

Toyota: Principios y fortalezas de un modelo de empresa

En el caso de un producto integral, la funcionalidad de sus componentes esta intrínsecamente relacionada. De esta manera, los productos integrales no son fabricados de componentes estándares y su diseño sigue el modelo de ir de lo general a lo particular. Asimismo, el funcionamiento de los productos integrales es evaluado de manera sistémica y no en función de sus componentes. Estos últimos son utilizados para múltiples funciones en productos integrales.

Sin embargo, la fabricación de un automóvil requiere tanto de modularidad (por ejemplo el sistema de stereo) como integralidad (el motor es un ejemplo). Gráficamente, los autores exponen la siguiente matriz:

Producto	Dependiente del Conocimiento y la Capacidad	Independiente del Conocimiento dependiente de Capac.	Independiente del Conocimiento y de la Capacidad
Modular	Outsourcing es riesgoso	Outsourcing es una oportunidad	La oportunidad reduce el costo a través de Outsourcing
Integral	Outsourcing es muy riesgoso	Outsourcing es una solución	Mantener la producción interna

Fig. N° 1. Modelo para decisiones de fabricar o comprar.[84]

Nótese que para productos modulares es muy importante la captura del conocimiento mientras que tener el conocimiento en la fábrica es menos crítico. Entonces, si la compañía tiene el conocimiento el *outsourcing* de algún componente podría otorgarle una oportunidad para reducir costos. Por otro lado si la compañía no tiene ni conocimiento ni la capacidad, el *outsourcing* podría constituir una estrategia arriesgada porque el conocimiento desarrollado por el proveedor podría ser transferido a otros competidores.

Para el caso de productos integrales, capturar ambos conocimiento y capa-

---

[84] Simchi-Levi, D., Kaminky, P. and Simchi-Levi E., Op. cit, p.146.

cidad es relevante en la medida que se pueda poseer ambos. Esto implica que si la compañía tiene ambos conocimiento y capacidad, la producción propia es conveniente. Si, por el contrario, la compañía no tiene ninguno de los dos, para los autores debería plantearse cambiar de negocio.

En el caso de Toyota, es importante señalar que para la compañía el producir afuera (*outsourcing*) o dentro de la empresa requiere la toma de una decisión de mucho cuidado. Como otras automotrices japonesas, Toyota produce fuera de la empresa entre el 60% y el 70% de los componentes del vehículo. Sin embargo, la compañía quiere mantener la competencia interna de estos componentes, motivo por el cual requiere de un exhaustivo conocimiento de las competencias centrales que posee.

Uno de los conceptos fundamentales de Toyota es la autoconfianza; la gente de Toyota confía en sus propias habilidades. Sin embargo, el manejo de capacidades centrales delegado en otras compañías parecería contradecir este valor fundamental. La clave está en que si una nueva tecnología es central para el vehículo, Toyota quiere ser un experto y el mejor en el mundo llevando a cabo esto. Ellos quieren aprender con sus proveedores, pero nunca transfieren todo el conocimiento central y la responsabilidad en áreas claves a sus proveedores.

En el caso de la fabricación del modelo Prius, uno de los componentes centrales del motor híbrido es un transistor bipolar denominado IGBT. Los ingenieros de Toyota no eran expertos en la fabricación de estos semiconductores. Sin embargo, en lugar de darle este trabajo a un proveedor, lo desarrollaron y construyeron una nueva planta (con otro nombre) para fabricarlo. Desde la perspectiva de Toyota, los vehículos híbridos ocuparían un lugar fundamental en el futuro. El valor asignado a la "autoconfianza" en la producción de este nuevo modelo de auto es verdaderamente fundamental para la compañía. En la siguiente sección se analiza el curso de acción que Toyota sigue en cuanto a su relación con algunos proveedores americanos.

Toyota: Principios y fortalezas de un modelo de empresa

4.2 Relación con proveedores

Las palabras de un proveedor del sector automotriz respaldan la afirmación denotada en el principio Nº11: "Respetar la red extendida de socios y proveedores desafiándolos y ayudándolos a mejorar", a saber:

"Toyota intenta mas mejorar su propio sistema y luego mostrar como esto te mejora a ti...Toyota hará cosas como elevar tu sistema de producción para hacerlo más fácil para ti. Toyota toma nuestros productos doce veces por día. Ellos nos ayudan...entrenando a nuestros empleados... Existen más oportunidades para generar rentabilidad en Toyota. Comenzamos con Toyota cuando abrimos una planta canadiense con un componente y, a medida que el funcionamiento fue mejorando, fuimos recompensados, así que ahora producimos casi el asiento completo. En relación con las otras compañías de autos con las que nosotros también negociamos, Toyota es la mejor".[85]

Los proveedores de la industria automotriz consistentemente reportan que Toyota no sólo es su mejor cliente sino también el que mayor fortaleza demuestra. Generalmente se considera que la condición de "firmeza" conlleva a dificultades para llevarse bien o ser razonable. En el caso de Toyota, esto significa que ellos tienen muy altos estándares y esperan que todos sus socios eleven sus propios estándares, otorgándoles ayuda.
Cabe destacar que la compañía ha sido premiada continuamente por su seria inversión en construir una red de proveedores altamente capaces integrados no solo a la empresa en extensión sino a la filosofía *JIT*. Toyota ha invertido mucho tiempo en construir una empresa sólida en Japón y ha tenido un rápido comienzo en la construcción de una red de proveedores en Norteamérica.

Recientes estudios muestran que los modos de gobierno híbridos o

---

[85] Liker, J., The Toyota Way, McGraw-Hill, New York, 2004, p.199.

"redes" –como el caso del *keiretsu* japonés- están siendo reemplazados, en algunos casos, por contratos con el mercado y/o una administración centralizada en la empresa. La globalización de los mercados, los cambios tecnológicos y la inestabilidad financiera de las instituciones bancarias están replanteando estas prácticas de negocio en firmas japonesas.

En el caso de Toyota, la red de proveedores que integran el *keiretsu* se ha reconvertido, en parte, hacia una forma más jerárquica en la administración de las transacciones de auto-partes. Ahmandjian y Lincoln[86] analizan dos casos en los cuales algunos proveedores de la red *keiretsu* de Toyota en Estados Unidos han efectuado cambios en esta forma de gobierno. En el caso de su proveedor Daihatsu, por ejemplo, Toyota adquirió acciones con el interés de tomar el control mayoritario de esta empresa.

Sin embargo, este camino no ha sido el mismo que Toyota siguió con su antiguo proveedor, Denso, fabricante de partes eléctricas y electrónicas. Por muchos años, Toyota mantuvo una relación muy cercana con Denso ya que esta empresa se inicia en 1949 como una división especial de la automotriz japonesa. Denso desarrolló una gran experiencia en electrónica vehicular, beneficiando considerablemente a Toyota quien compraba una gran cantidad de auto-partes.[87]

Con el tiempo, el crecimiento de Denso en Japón lo llevo a hacer negocios con otros ensambladores del lugar; exceptuando a Nissan, por ser el archirival de Toyota. Antes de que Toyota se instalara en Estados Unidos, Denso instaló una nueva fábrica en Battle Creek, Michigan. Este hecho tensionó su relación con Toyota al existir la posibilidad de aprovisionar allí a los "Tres Grandes Americanos" (y tener como potencial cliente a Nissan

---

[86] Ahmadjian, C. y Lincoln, J., "*Keiretsu*, Governance and Learning: Case Studies in Change from the Japanese Automotive Industry", Organization Science, Vol. 12, Nº6, Nov.-Dec. 2001, pp. 683-701.

[87] En este caso, Toyota rompió una de sus reglas básicas más importantes: tener como mínimo dos proveedores de cada una de las auto-partes que le proveían.

en Estados Unidos). Si bien durante años existió un intercambio de ingenieros entre Denso y Toyota, en 1994 esta relación terminó.

Toyota armó su propia capacitación para los empleados –con su propio personal- en la producción de componentes electrónicos, evitando así una dependencia importante de su proveedor. Cabe destacar que las inversiones que Toyota realiza en capacitación propia para la fabricación de componentes mayormente electrónicos representa un cambio importante.

El principal motivo de la empresa para producir internamente estos insumos electrónicos se basa en la creciente participación de los mismos en el costo total del producto. Actualmente, las partes electrónicas representan el 10% del costo total promedio de producción de un vehículo (mucho más en modelos de autos mas exclusivos). Los ingenieros de Toyota estiman que pronto esta proporción se elevará en un 30% en cuanto a la participación de sus costos.[88] En la siguiente sección se exponen los desafíos de la logística que subyacen en el funcionamiento de la cadena de suministro.

4.3 La logística "americana" de Toyota

Mucho se ha escrito sobre los avances ocasionados por la tecnología de la información en cuanto a la rapidez con que fluyen los datos a través de la cadena de suministro. Sin embargo, un tema no menos importante es la enorme complejidad de coordinar actividades diariamente para brindarle valor al cliente. Tampoco se ha analizado mucho la relación entre firmas acerca de cómo hacer un trabajo conjunto hacia metas comunes. Este hecho constituye la característica distintiva global que surge justamente de la asociación de Toyota con sus proveedores.

Al iniciar la actividad fabril, Toyota no tenía suficiente capital ni equi-

---

[88] Ahmadjian, C. y Lincon, J., Op. cit.

pamiento para armar toda la cantidad de componentes que requiere la construcción de un auto. Una de las primeras asignaturas de Eiji Toyoda como nuevo ingeniero fue identificar proveedores de partes de alta calidad con quien Toyota pudiera asociarse. En ese momento, Toyota no tenía un gran volumen para dar a fabricar a proveedores. Todo lo que Toyota podía ofrecer era la oportunidad para todos los socios de crecer en el negocio de manera conjunta y mutuamente beneficioso a largo plazo. Así que, como asociados que trabajaban dentro de Toyota, los proveedores se convertían en parte de la familia extendida quien creció y aprendió del Sistema de Producción Toyota.

Aun cuando Toyota se convirtió en una poderosa casa global, siempre mantuvo el principio central de asociación. La compañía estudiaba cuidadosamente a nuevos proveedores y solo le daba muy pequeñas órdenes. Ellos debían probar su sinceridad y compromiso por medio de altos estándares de funcionamiento hacia Toyota en cuanto a calidad, costo y venta. Si ellos demostraban esto en las primeras órdenes, ellos conseguirían que se fuera incrementando el tamaño de las órdenes. Desde la perspectiva de Toyota, a medida que se desafía a la propia gente de la fábrica a mejorar, también es necesario desafiar a los proveedores. El desarrollo de los proveedores incluye una serie de *targets* agresivos y desafíos para encontrarlos. Los proveedores quieren trabajar para Toyota porque saben que conseguirán mayor respeto entre sus pares y otros clientes.

El mayor problema que se le presentó a Toyota en Estados Unidos fue la distancia existente entre las plantas ensambladoras y los proveedores, para conseguir justo-a-tiempo las auto-partes múltiples necesarias cada día. Para solucionar este inconveniente, Toyota implementó la estrategia de distribución "cross-docking". Este sistema de traslado de auto partes se caracteriza en concentrar los envíos de los proveedores varias veces al día en un depósito equidistante entre estos y la fábrica. La función central de estos centros de depósito se basa en que los pedidos estén agrupados como mezclas de carga del número correcto de partes para una o dos horas de producción.

En este caso, el espacio o servicio de cross-docking permite una eficiente distribución de partes de los proveedores y un envío justo a tiempo a la planta ensambladora. Estos servicios son bastante comunes en varias industrias (por ejemplo el caso de la industria alimenticia) y normalmente es subcontratado como si fuera un commodity. La diferencia con el servicio cross-docking de Toyota es el cuidado con el cual los socios de Toyota -en este caso la empresa Transfreight- manejan este servicio.

Desde la perspectiva de Toyota, el servicio cross-docking es una extensión de la línea de ensamble, al considerarlo como parte de su flujo de valor que consigue partes justo a tiempo de sus proveedores para sus vehículos y finalmente sus clientes. Toyota no sólo delega la responsabilidad a Transfreight por el servicio de cross-docking, sino que de a poco fue incorporando a esta empresa como parte de una extensión de su compañía durante un período de 10 años.

El propósito del servicio de cross-docking es tomar los envíos de proveedores distantes varias veces al día, almacenar temporalmente los pallets de materiales, y luego cargar en camiones para llevar a la planta ensambladora con combinaciones de carga saliendo alrededor de 12 veces al día. Las plantas ensambladoras consiguen frecuentes envíos *JIT* y los camiones van llenos desde los proveedores hacia el espacio donde se congrega el servicio cross-docking y desde allí hacia la planta ensambladora.

El servicio de cross-docking es diseñado usando todos los principios del TPS, (Sistema de Producción Toyota) en el cual los proveedores están involucrados en la mejora continua, indicadores visuales e inventos a prueba de error tomando en cuenta siempre la calidad y la confiabilidad de todo el proceso. Asimismo, los conductores de los camiones tienen claramente definidos sus roles en cuanto a recoger y enviar los pallets dentro del tiempo estipulado, y controlando la calidad del material recibido.

Debido a esta coordinación estrecha entre los proveedores de auto partes, Transfreight y las plantas de ensamble, existe un flujo coordinado de partes moviéndose a través de las plantas de ensamble y los contenedores retornables volviendo desde estas plantas hacia el centro de servicio de cross-docking. Es básicamente un intercambio uno a uno de contenedores llenos por contenedores vacíos retornables. Toyota comenzó con un pequeño servicio de cross-docking y una planta ensambladora; y durante una década construyó Transfreight de manera de servir la mayoría de sus necesidades de servicio de cross-docking en Norte América.

Transfreight ha agregado clientes adicionales además de Toyota y es una empresa rentable. Los resultados son[89]:
- Toyota alcanzó su meta de envíos *JIT* en Norte América a pesar de las grandes distancias.
- Los costos de transporte fueron bajando considerablemente después de que el sistema cross-docking se implementara. Antes de la existencia de este sistema, existían grandes carreras de proveedor en proveedor en grandes distancias, con los camiones parcialmente llenos. Ahora los camiones están casi siempre muy llenos a donde vayan.
- Toyota ahorra dinero en contenedores retornables, usando la mínima cantidad de estos, merced al balance entre las partes que van a la planta ensambladora y los contenedores que retornan vacíos cada día.
- Transfreight esta continuamente mejorando y reduciendo costos, como otras operaciones en Toyota.

Transfreight conformó un *Joint Venture* en 1987 entre TNT Logistics

[89] Liker, J., The Toyota Way, McGraw-Hill, New York, 2004, p. 207.

y Mitsui Trading Company —que son empresas que forman parte del grupo de compañías de Toyota en Japón. TNT Logistics tenía una red de logística existente en Norte América y la meta de Toyota era mantener esa cadena de abastecimiento allí. El rol de Mitsui era ser un socio silencioso pero con el fin de darle poder a Toyota en el *Joint Venture* (en la actualidad la participación es 50-50%).

Transfreight no solo ha resuelto exitosamente los problemas de la logística *JIT* de Toyota en Norte América, sino que se ha convertido en una compañía internacional exitosa y un ejemplo de logística "lean". Por otro lado, Mitsui observó que la reputación estelar de Transfreight en el negocio de carga y logística creció tanto como sus ganancias. TNT y Mitsui arreglaron sus posiciones y realizaron un acuerdo estable mutuo en el cual Mitsui compró la mitad de TNT de Transfreight. En 2002, Mitsui se convirtió en su único dueño.

Si bien este es sólo un caso del accionar de Mitsui -una de las empresas que conforman el *keiretsu* al que Toyota pertenece- Transfreight es un ejemplo significativo de adquisición empresaria. En cierta medida, se considera un paso importante a la integración vertical de aquellos servicios fundamentales para el funcionamiento eficiente del Sistema de producción Toyota en el estado americano. En el siguiente apartado se exponen las conclusiones que emanan del modelo de negocio de la compañía analizado en esta segunda parte.

Capítulo 5
Conclusiones

En esta segunda parte se han analizado algunos de los componentes básicos del modelo de negocios de Toyota. Con un abordaje sectorial de los principios fundamentales del Modo Toyota de operación relacionados con el nivel estructural estratégico se han analizado aspectos de la filosofía "lean" relacionados con el modelo de liderazgo, el respecto por las personas, y el desafío y crecimiento conjunto de Toyota y sus proveedores.

Los líderes de Toyota se caracterizan por tener una combinación entre profundidad de entendimiento del trabajo y la habilidad para desarrollar el mismo. Esto genera las bases de la creación de una organización aprendiente, objetivo primordial del liderazgo de Toyota que busca generar así una fortaleza distintiva de su cultura. Asimismo, se ha efectuado un breve recorrido histórico de la filosofía de los pensadores de Toyota en la que varios líderes han dejando su impronta en la formulación de algunos principios básicos.

El sistema de producción global y los nuevos cambios que se han sucedido en la compañía -merced a las fuerzas expansivas que lideran a Toyota- es un objetivo específico en este capítulo. A partir de la creación de una familia de autos globales bajo el nombre de Proyecto de Vehículo Multipropósito Innovador Internacional (IMV), se comenzó a replantear el modelo de negocio existente hasta ese momento. En la era de la producción global, este proyecto cambió la importancia del concepto "Hecho en Japón" para la empresa, dando lugar al concepto "Hecho por Toyota" donde la importancia de la marca institucional trasciende su lugar de origen.

De esta manera, merced a las fuerzas expansivas que lideran a Toyota, se ha tomado en consideración una meta imposible: "La estrategia única de globalización que traspasa a Japón para fabricar un auto global". Asimismo, también se ha desarrollado la fuerza expansiva del clientelismo local como otro componente central del modelo de negocio que lidera a la compañía donde la primera lección de la dirección es considerar al cliente en primer lugar.

Para explicar el perfil de negocio de Toyota se ha aplicado la herramienta de dinámica sistémica analizando el correspondiente patrón de comportamiento. Del análisis de este diagrama causal se deduce que el estilo conservador de Toyota aumenta la confiabilidad en el producto ya que el cliente sabe que cualquier cambio de diseño debe pasar por la factibilidad técnica de producción. Por este motivo, se puede afirmar que su perfil empresario genera un rizo reforzador originado por una alta estandarización de los procesos y, por ende, una baja diversificación con su consecuente falta de flexibilidad para efectuar cambios e innovar en el diseño del producto.

Otro componente del Modelo de negocio que se analiza en este capítulo es el gobierno corporativo que, en este caso, lo conforma el *keiretsu* japonés. En esta parte del capítulo se exponen los efectos del Modelo de negocio de Toyota en el buen desempeño de la función de coordinación. Nuevamente, a partir del uso del método de dinámica sistémica, se diseña un diagrama causal que permite obtener –en forma conjunta con el patrón de comportamiento anterior– la siguiente hipótesis dinámica:

"La descentralización del proceso decisorio y productivo inmerso en el modelo global de negocio de Toyota genera una baja asimetría de información entre las partes integrantes del gobierno corporativo. Esto ocasiona un efecto positivo en el performance de la función de coordinación y, por ende, una mejor sincronización de tareas. Como resultado la estandarización es elevada, hecho que incrementa las oportunidades de Toyota para expandirse mundialmente."

La cadena de suministro y la relación de Toyota con sus proveedores constituyen dos componentes relevantes del Modelo de negocio de la compañía. Como la mayoría de las automotrices japonesas, Toyota produce fuera de la empresa entre el 60% y el 70% de los insumos del vehículo. Sin embargo, se denota la tendencia de la compañía por mantener la competencia interna de producción, hecho que requiere un exhaustivo conocimiento de las competencias centrales que posee.

Finalmente, se analizó el caso de una empres de logística (Transfreight) como ejemplo significativo de la tendencia a la adquisición empresaria de Toyota. Se considera que, en estos aspectos, la compañía esta avanzando hacia una integración vertical en el caso de aquellos servicios fundamentales para el funcionamiento eficiente del Sistema de producción Toyota o subproductos que forman parte de la esencia de su objetivo de logro de tecnología de punta.

TERCERA PARTE

El diseño organizacional y la gestión del conocimiento

Capítulo 1
Introducción

Muchos de los logros de Toyota que llevaron a la compañía a conformar un centro automotriz global radica en su principal fuente de diferenciación competitiva: el capital humano. Para los líderes de Toyota la prioridad fundamental de la compañía ha sido y es el desarrollo del talento excepcional de su gente. El esfuerzo y la práctica repetida son dos elementos que llevan a las personas a un verdadero aprendizaje. De esta manera, en esta tercera parte de la obra se presenta el proceso utilizado por Toyota para enseñar y desarrollar a su gente en el marco de su diseño organizacional y modelo de gestión del conocimiento.

Asimismo, en esta parte se exponen los principios fundamentales que versan sobre la resolución continua de problemas que conducen al aprendizaje organizacional. Estos principios forman parte del modelo de gestión presente en el nivel administrativo organizacional, más precisamente, en la gestión del conocimiento imperante en la compañía. En el marco del objetivo de esta tercera parte, es decir, delinear el diseño organizacional y el modelo de gestión del conocimiento de Toyota y sus implicancias en la compañía, este análisis abarca los principios de la Sección IV del Modo Toyota de operación relacionados con la solución de problemas, a saber:

1. Principio Nº12: Ir y ver por uno mismo para entender detallada-

Toyota: Principios y fortalezas de un modelo de empresa

mente la situación (*genchi genbutsu*).

2. Principio Nº13: Tomar decisiones por consenso, considerando todas las opciones detenidamente, e implementar decisiones con celeridad.

3. Principio Nº14: Convertirse en una organización aprendiente a través de reflexiones perseverantes (*hansei*) y mejora continua (*kaizen*)

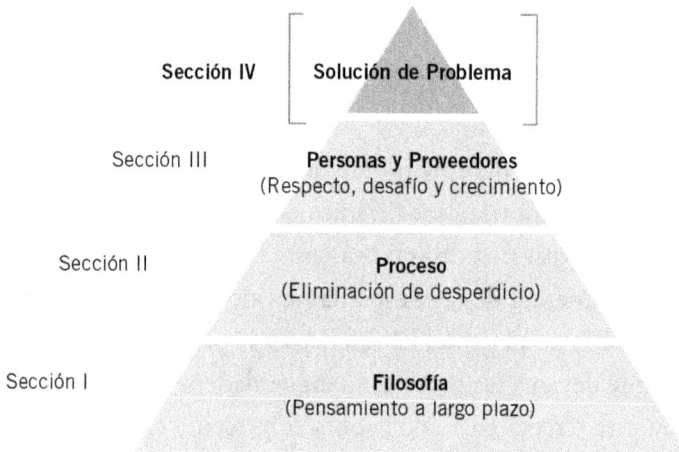

Sección IV — Solución de Problema

Sección III — **Personas y Proveedores** (Respecto, desafío y crecimiento)

Sección II — **Proceso** (Eliminación de desperdicio)

Sección I — **Filosofía** (Pensamiento a largo plazo)

Fig.1. Modelo de las "4 P" del Modo Toyota (Adaptación de Jeffry Liker)[90]

A partir de estos principios, se aborda en el tercer capítulo la influencia de la fuerza integradora que emana de la política de Recursos Humanos (*Up and In*) implementada por la compañía. Un elemento relevante de esta política es la creación del conocimiento que se genera bajo la coordinación de la "dirección *hoshin*". Esta forma de dirección, en cierta medida, delinea el diseño organizacional que subyace en Toyota.

El diseño organizacional y el modelo de gestión del conocimiento de la compañía también se analizan en esta parte. En este caso, la herramienta de dinámica sistémica permite demostrar el patrón de

---

[90] Liker, J., The Toyota Way, McGraw-Hill, New York, 2004, p. 6.

comportamiento que sigue Toyota tomando en consideración algunas políticas de personal que se implantan en la compañía. Con este desarrollo se obtiene una hipótesis dinámica en la que se señalan los efectos de estas políticas en los costos transaccionales. Finalmente, se exponen las conclusiones a las que se han arribado al analizar la organización aprendiente que conforma Toyota.

Capítulo 2

Toma de decisiones y experimentación

2.1 El "*genchi genbutsu*" y la experimentación

Los principios fundamentales que sustentan tanto a la gestión como al modo de operación de la compañía constituyen el sustento ideológico de Toyota. Observar y entender cualquier situación sin preconceptos, ya sea en el sector de producción, en desarrollo del producto, en ventas, en distribución, etc., es "*genchi genbutsu*". Este concepto se desarrolla en el principio N°12 que se basa en la importancia de ir y ver por uno mismo para entender detalladamente la situación. Esto lleva a la resolución de problemas y a la mejora de los procesos yendo a la fuente y personalmente viendo y verificando información en lugar de teorizar sobre la base de informes de otras personas.

Steven Spear[91] da un ejemplo de la forma en que tanto los empleados como los directivos de todos los niveles viven este principio en la realidad empresaria. En uno de sus artículos, el autor cuenta el caso de un talentoso joven americano. Este joven fue contratado para una posición alta en una de las plantas de Toyota en USA, siendo iniciado en el sistema de producción de la compañía (TPS). Con alta capacitación académica en Universidades de primer nivel, el ya había dirigido grandes plantas de uno de los competidores de Toyota en Estados Unidos.

---

[91] Spear; S.J.; Learning to lead at Toyota, HBR, Mayo 2004.

Toyota: Principios y fortalezas de un modelo de empresa

A diferencia de la mayoría de los entrenamientos que suelen darse a nuevos ejecutivos top –basados generalmente en darles un periodo corto de conocimientos, orientaciones, e introducciones– este joven aprendió el Sistema de Producción Toyota (TPS) de la forma mas prologada y difícil: practicándolo (que es como Toyota entrena a cualquier nuevo empleado sin tener en cuenta el rango o función que éste tenga). Este entrenamiento en la planta tuvo una duración de más de tres meses antes de que se convirtiese en el nuevo directivo de la misma.

Al finalizar su entrenamiento en Toyota, este joven americano percibió que mejorar las operaciones actuales no era su trabajo –era el trabajo de los trabajadores per se. Su verdadero rol era ayudarlos a entender esta responsabilidad y posibilitarles llevarla a cabo. Su entrenamiento le enseño la forma de construir el trabajo como "experimentos", los cuales producirían un continuo aprendizaje; y servirían como enseñanza a otros sobre lo mismo. Osono, Shimizu y Takeuchi definen a la experimentación como "la forma en que uno testea una hipótesis cuando no hay seguridad de que esta sea la correcta, y posibilita el aprendizaje tanto de las fallas como de los éxitos"[92].

La experimentación es considerada por si misma una fuerza expansiva para el cambio. Esto lleva a mayor diversidad y complejidad en el proceso productivo y requiere de una adaptación continua de su personal a los cambios. Sin embargo, el sólido proceso de estandarización del sistema de producción Toyota (TPS) interfiere con las modificaciones necesarias o la aparición de nuevas prácticas que podrían innovar las operaciones. Continuar con eficiencias operativas logradas a través de la práctica rutinaria atenta contra posibles cambios que la demanda requiere de esta compañía. Por este motivo, estas rigideces se están flexibilizando ante la presión ejercida por el mercado a Toyota en cuanto a la necesidad de cambios en el diseño de sus productos.

---

[92] Osono, E.; Shimizu, N. y Takeuchi, H., Extreme Toyota, John Wiley, 2008, p. 69.

Toyota abraza estas presiones para instigar el cambio continuo y las mejoras, resultando en expansión y diversificación de sus actividades en más regiones del mundo. Como se ha analizado en el Tercer capítulo de la Primera Parte, el hecho de establecer metas imposibles motiva a la empresa a tratar nuevas situaciones e intentar evolucionar en el mercado automotriz. Para alcanzar estas metas, la fuerza de la experimentación es utilizada de manera altamente disciplinada. Katsuaki Watanabe –ex presidente de Toyota– estableció como meta producir autos que "hagan el aire mas limpio". La vaguedad de esta meta establecida otorgó libertad a investigadores para explorar nuevas fuentes de tecnología que permitieran cumplirla.

El modelo híbrido Prius es un ejemplo de desarrollo de producto que muestra la importancia que tiene para Toyota la experimentación parcial e incremental. Grandes inversiones en tiempo y dinero dedicadas a la tecnología híbrida demuestra la seriedad con que se tratan los experimentos. Aunque las soluciones obtenidas a través de la experimentación muchas veces son parciales, Toyota les da mucha importancia porque pueden ser el origen de una mejor solución. En este caso, la solución obtenida con este prototipo híbrido no es la eliminación total de la polución ambiental sino la contribución a una conservación de los recursos.

El proceso de experimentación que se genera al perseguir metas imposibles –como el modelo Prius– se desarrolla por medio de rutinas y prácticas. Este proceso esta enmarcado en las rutinas y/o procedimientos de la solución de problemas que tienen lugar todo el tiempo en esta compañía. Por este motivo, una de las primeras cuestiones que aborda el entrenamiento riguroso del personal es el desarrollo de la capacidad crítica para la resolución de los problemas. En el siguiente apartado, se plantea el fundamento del principio Nº 13 del Modo Toyota de operación que se basa en la toma de decisiones por consenso y en la herramienta que se utilizada para ello: el Reporte A3

2.2 *"Nemawashi"*: el proceso de toma de decisiones

Una de las premisas básicas que la compañía tiene al tomar una decisión es considerar con anterioridad cuidadosamente las alternativas existentes. A partir de la selección de la alternativa a seguir, los directivos de Toyota deben actuar rápidamente pero con cautela para dar el siguiente paso denominado *"Nemawashi"*. Este concepto se utiliza para definir el proceso de detección de problemas y soluciones potenciales con todo lo que esto significa; a fin de recolectar ideas y lograr un acuerdo en el siguiente paso. Este proceso de consenso, aunque lleva tiempo, ayuda a ampliar la búsqueda de soluciones, y cuando una decisión es tomada, la implementación definitivamente es rápida.

Los directivos de Toyota no dan nada por asumido e intentan verificar todo con el objetivo de tomar la decisión correcta. Varios empleados de la compañía que se han incorporado a Toyota luego de trabajar en otra empresa automotriz han tenido que enfrentar el cambio de aprendizaje que demanda la perspectiva de la compañía en cuanto a la resolución de problemas y la toma de decisiones. Este proceso de tomar decisiones consensuadas, que demandan tiempo de análisis, es diferente al que otras compañías del sector poseen generando la necesidad de re-educar al personal en este aspecto. Para Toyota, el proceso de la toma de decisión es tan importante como la calidad de la misma; tomarse el tiempo y el esfuerzo para hacer lo correcto es una obligación.

Todo el proceso de planificación, resolución de problemas y toma de decisiones es cuidadosamente estudiado en detalle. No hay improvisación. Nada es dejado al azar. Cuando surge un problema, se intenta identificar minuciosamente las causas del mismo. Al hallar una solución razonable, el comportamiento típico del personal de Toyota consiste en detectar otras alternativas de solución y no quedarse en ese primer curso de acción ofrecido. Una de las ventajas de conseguir distintas opiniones de diferentes personas es generar las bases del surgimiento de varias alternativas para luego poder ser evaluadas sistemáticamente.

El principio Nº 13 del Modo Toyota se basa justamente en la toma de decisiones por consenso, considerando todas las opciones detenidamente, e intentando implementar la decisión tomada rápidamente. El proceso de *nemawashi* es a menudo utilizado para describir como el personal junior construye consenso al desarrollar una propuesta y circularizarla ampliamente para ser aprobada por la gerencia. En el proceso *nemawashi*, varias personas participan con su know-how y esto va generando un consenso sustentado. Cuando la propuesta formal llega al nivel jerárquico más alto, la decisión esta "casi" tomada ya que se ha llegado a un acuerdo y el encuentro final es solo una formalidad. Si bien este es el proceso típico en Toyota, existen diferentes formas de alcanzar el consenso. Si los proveedores (u otros agentes) pudieran estar afectados por una decisión, su know-how también debe ser requerido.

La idea central que trasmite Toyota con esta forma de tomar decisiones es evitar el conflicto y generar un ambiente en el que todas las partes intervinientes ganan merced al consenso. Dentro de la compañía, todos forman parte de un mismo equipo. Por lo tanto, no hay motivo para actuar como adversarios unos de otros. Sin embargo, el problema más común que tienen las grandes corporaciones es el hecho de ser divisionales, con agrupaciones que tienen distintos objetivos entre si (generalmente diferentes al objetivo que persigue la compañía). Estos grupos a menudo actúan en función del interés que tiene el departamento al cual pertenecen y tienen la intención de imponer su propia perspectiva a fin de dominar la situación –más allá del perjuicio que esto puede ocasionar a otros grupos y a la compañía como un todo.

En el caso de Toyota, existe una variedad de métodos para tomar decisiones en distintas situaciones. Puede provenir de un experto o de un directivo como una decisión unilateral y luego ser anunciada al grupo para

Toyota: Principios y fortalezas de un modelo de empresa

consensuar la misma con la autoridad necesaria para implementarla. En la siguiente gráfica se muestra el método característico de la compañía que, a partir del consenso grupal, busca la aprobación de la dirección. Lo que se persigue con este método de toma de decisiones es obtener el máximo involucramiento de personal apropiado para cada situación.

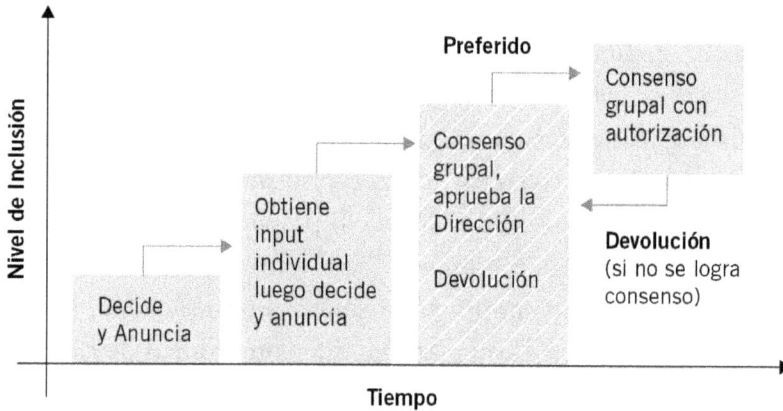

Fig. 1. Método de toma de decisiones en Toyota[93]

Un hecho interesante del proceso de *nemawashi* es la manera en que circulan las ideas en las primeras etapas del desarrollo de producto, en especial, en el marco de un proyecto nuevo. Generalmente a los nuevos empleados se les da un proyecto desafiante, para el cual no están profesionalmente preparados y posiblemente no puedan desarrollar por si mismos. Esto les lleva a comenzar con preguntas y es en este proceso de comunicación con varios profesionales de distintos departamentos donde el intercambio de ideas enriquece la forma de abordaje de la situación.

2.3 El Reporte A3

Un elemento original utilizado en este proceso de *nemawashi* es la comunicación visual a través de un "Reporte A3" que tiene como finalidad

---

[93] Liker, J., Op.cit. p. 243.

152

presentar el planteo de la decisión. Esto permite que la comunicación en Toyota sea sencilla y clara, en base a un esquema visual con pocas palabras –como si fuera una fotografía. Este reporte A3 es la parte central del proceso que se utiliza para conseguir eficientemente el consenso en el caso de decisiones complejas. Una de las ventajas que tiene este tipo de comunicación para la compañía es el armado de reuniones eficientes. La estructura matricial de este reporte ayuda a clarificar los objetivos de la reunión, separar las ideas recabadas de las soluciones factibles y la asistencia de las personas involucradas en la situación bajo análisis.

En Toyota, el reporte A3 no es solo el nombre de un tamaño de papel (11 x 13 pulgadas) sino que constituye una forma de pensar y comunicar que genera las bases de un proceso de aprendizaje útil para concretar toda cuestión.[94] En especial, el A3:

- Describe un tema o problema;
- Analiza la situación y sus causas subyacentes;
- Identifica el resultado requerido;
- Propone acciones correctivas; prescribe un plan de acción (quién hará qué, y cuando);
- Crea un proceso de seguimiento, todo ello en un documento integrado;
- Estandariza los procesos exitosamente.

El fundamento de este tipo de comunicación proviene del "Ciclo de Deming". Deming afirmaba que cualquier problema podría solucionarse si se tenían en cuenta cuatro elementos básicos: el plan; la implementación de dicho plan, el control del mismo y la acción correspondiente -en ese orden. La diferencia que tiene el reporte A3 es el complemento dado -previo al plan– por medio de un cuidadoso diagnóstico de situación que ayuda a entender el marco genérico que se utiliza. De esta manera,

[94] Hopkins, M., "Una herramienta para resolver problemas", Revista Gestión, V15N°1, Ene-Feb. 2010.

Toyota: Principios y fortalezas de un modelo de empresa

el reporte A3 presenta el siguiente esquema:

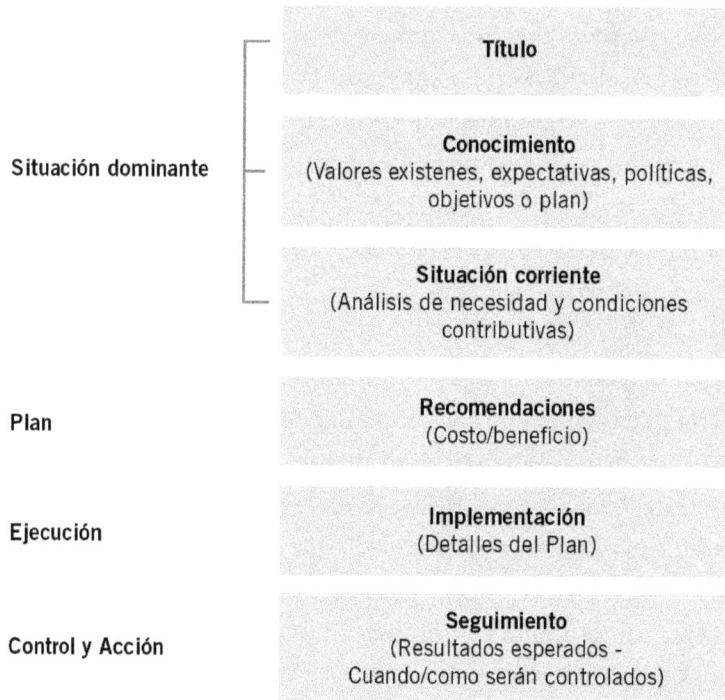

		Título
Situación dominante		**Conocimiento** (Valores existenes, expectativas, políticas, objetivos o plan)
		Situación corriente (Análisis de necesidad y condiciones contributivas)
Plan		**Recomendaciones** (Costo/beneficio)
Ejecución		**Implementación** (Detalles del Plan)
Control y Acción		**Seguimiento** (Resultados esperados - Cuando/como serán controlados)

Fig. 2: Planear – Hacer – Controlar – Actuar (PDCA) en el Reporte A3[95]

El hecho de tener una única hoja de papel produce una selectividad rigurosa del contenido del reporte A3. Considerado como un mecanismo de gestión, este reporte constituye una herramienta creada para generar un resultado deseado. Todo mecanismo esta relacionado con un proceso y si bien por medio de este reporte no se focaliza el alcance del resultado, se puede afirmar que se intenta garantizar el logro del mismo a través de un minucioso análisis del proceso en cuestión. El reporte A3 reúne hechos e informes de un autor que se identifica como responsable de su parte de trabajo, y que comparte y discute el reporte.

---

[95] Adaptación de Liker, J., Op.cit, p. 247.

Este método de trabajo posibilita la propuesta de soluciones eficaces, teniendo como fundamento datos concretos. Lo importante es descubrir la mejor forma práctica de concretar, por ejemplo, una meta "imposible" pensando el tema con profundidad pero no implementando grandes cambios. Por el contrario, el objetivo es actuar en pequeñas etapas que ayuden a cambiar el *status quo* sin por ello anular potenciales intentos de seguir experimentando.

La estructura básica del Reporte A3 se expone seguidamente teniendo en cuenta el flujo de la información de acuerdo al proceso de solución de problemas, desde la definición y descripción del mismo (en la esquina izquierda - arriba de la hoja) hasta la propuesta de futuros cursos de acción que intenten resolver el problema (en la esquina derecha – abajo).

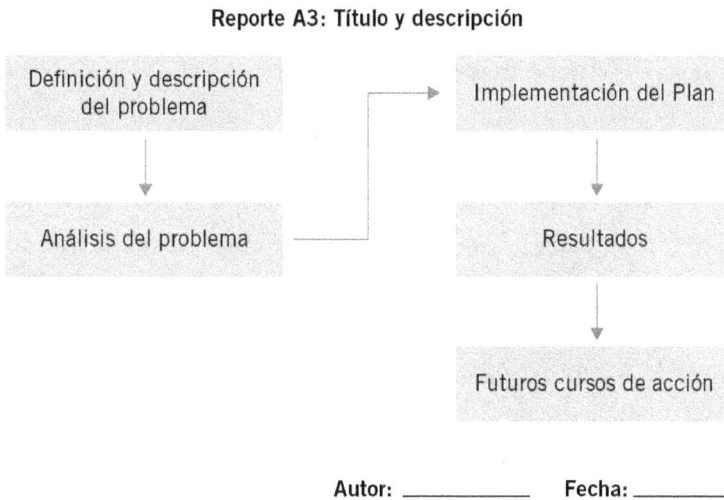

Reporte A3: Título y descripción

Definición y descripción del problema	→	Implementación del Plan
↓		↓
Análisis del problema		Resultados
		↓
		Futuros cursos de acción

Autor: _____   **Fecha:** _____

Fig. 3: Estructura básica y flujo de la información del Reporte A3[96]

Para Osono, Shimizu y Takeuchi, lo que diferencia a Toyota de su competencia es la forma en que piensa y se organiza el proceso decisorio:

---

[96] Osono, E.; Shimizu, N. y Tekeuchi, H., Extreme Toyota, John Wiley, 2008, p. 75.

- Pensar en "el objetivo del objetivo".
- Separar en partes o pequeños problemas a los problemas complejos.
- Comenzar en pequeñas etapas y seguir incrementalmente.
- Repetir los experimentos aunque hayan fallado.
- Institucionalizar las prácticas exitosas.
- Continuar elevando el Standard.

Aprender de la estandarización de las mejores prácticas, en lugar de reinventar la rueda con cada nuevo proyecto y cada nuevo gerente es una premisa fundamental en Toyota. Asimismo, la experimentación requiere de un conjunto de valores compartidos entre los empleados focalizados en la tolerancia a las fallas, la honestidad, la responsabilidad social y la persistencia. En el siguiente apartado se analizan estos valores que colaboran en el desarrollo del aprendizaje organizacional de Toyota.

2.4 "*Hansei*": Mucho más que reflexionar

Tanto los cambios de contexto como el proceso de globalización presentes en este siglo llevan a una necesidad de adaptación y flexibilidad por parte de todas las compañías. Para poder permanecer en este ambiente competitivo y cambiante es esencial que la organización posea la habilidad del aprendizaje. Peter Senge[97] define a la organización aprendiente como el lugar donde la gente expande su capacidad para crear los resultados que ellos verdaderamente desean, en el que nuevas y amplias formas de pensamiento se van enriqueciendo; donde la aspiración colectiva es libre y la gente esta continuamente aprendiendo la forma de aprender de otros.

Este autor se focaliza en nuevos modelos de pensamiento que parten de un individuo o grupo de individuos y que se expanden en la organización en un proceso de "aprender a aprender" nuevas habilidades, conocimientos y capacidades. Es importante destacar que la capacidad

---

[97] Senge, P., La quinta disciplina, Granica 2006.

de aprendizaje de la organización se debe desarrollar en el tiempo de manera de ayudar a sus miembros a adaptarse continuamente al contexto. Esta es una forma de proceder de Toyota que la caracteriza y al mismo tiempo, la lleva a ser considerada como un ejemplo de organización aprendiente. Una de las razones que se le atribuyen a Toyota para ser considerada como tal es que la compañía "...ve a la estandarización y la innovación como dos caras de una misma moneda, combinándolas de una manera que crea una gran continuidad".[98]

Toyota ha utilizado la estabilidad y la estandarización para transferir la innovación individual y grupal en un ambiente de amplio aprendizaje organizacional. Sin embargo, para poder ser transferido a la organización, la nueva forma de trabajo (ya sea de método, proceso o diseño) debe estar ya estandarizada y practicada en toda la compañía hasta que una nueva forma mejor aparezca. Este es el punto central del aprendizaje del modo Toyota: la estandarización es cambiada por la innovación, la cual es incorporada conformando nuevos estándares. Sin embargo, la introducción de un cambio no es rápido sino que es cuidadosamente evaluado; hecho que genera demoras en el ciclo de estandarización.

Como ya se ha expuesto en el capítulo 2, la dirección *hoshin*[99] que lidera a Toyota se basa en la integración de las actividades de todo el personal de la organización para el logro de objetivos claves ante un entorno cambiante. Este tipo de conducción tiene un propósito esencial que se basa en "...forzar a los directivos a poner en práctica por sí mismos el Ciclo de Deming conocido como PDCA (Planear, Hacer, Controlar, Actuar) como parte de su trabajo diario, desarrollándose así, como directivos".[100]

---

[98] Liker, J., The Toyota Way, McGraw-Hill, New York, 2004, p. 251.

[99] Este tema es desarrollado en el punto 3.3 del siguiente capítulo como elemento central de diseño organizacional.

[100] Shiba, Sh.; Graham, A. y Walden D., TQM: Desarrollos Avanzados; Productivity Press, Portland, 1995, p. 415.

Toyota: Principios y fortalezas de un modelo de empresa

En el documento interno del Modo Toyota (*The Toyota Way*) el principio Nº 14 expone como Toyota se ha convertido en una organización aprendiente a través de reflexiones perseverantes (*hansei*) y procesos de mejora continua (*kaizen*). Asimismo, en ese principio se analiza la importancia del aprendizaje organizacional de la compañía. Los errores que se cometen son considerados oportunidades para el aprendizaje. Lo importante es identificar la ruta de las causas que genera el problema, otorgando correcciones efectivas, suministrando al personal la autoridad para efectuar tales correcciones, y procurando transferir el nuevo conocimiento a quien corresponda. Esta premisa lleva a que los empleados, en lugar de sentirse culpables por una mala práctica, encuentren en Toyota la posibilidad de transferir el conocimiento recabado de esa experiencia malograda.

Una vez que se ha establecido un proceso de corrección apropiado, se utilizan herramientas de mejora continua para determinar el origen de las ineficiencias y aplicar las medidas efectivas que se consideren necesarias. Es fundamental la reflexión –*hansei*– para el análisis de las causas que ocasionaron el desperfecto o problema. Esto permite la identificación abierta de todos los inconvenientes acaecidos y el eventual desarrollo de medidas para evitar la ocurrencia de los mismos errores en forma reiterada. Así, toda la organización se beneficia y toma las acciones correctivas al respecto.

Uno de los tópicos más difíciles de enseñar es el "como" reflexionar ante una determinada situación. En Toyota, si bien generalmente *hansei* se traduce como reflexión, la definición del término es mucho más amplia. En la vida cotidiana de Japón, este concepto se utiliza para reflejar el arrepentimiento de verdad de una persona por algo que ha hecho mal o que ha generado un efecto no deseado. Es a partir de este reconocimiento que la persona mejora su actitud y no vuelve a cometer jamás ese mismo error. Esta forma de proceder es diferente en empresas americanas o europeas ya que generalmente, el personal de una compañía japonesa esta acostumbrado a que se debe focalizar en aquello que hay que mejorar y que, por ende, constituye una debilidad personal a tener en cuenta.

Esta distinción es importante ya que si no se entiende el significado profundo de *hansei* como la reflexión que requiere el proceso de desarrollo de un producto o servicio, difícilmente pueda ser utilizada como una herramienta práctica para la mejora. Muchos autores consideran que los eventos *hansei* se deben utilizar en la etapa de control del ciclo PDCA, al final del programa de fabricación de un vehículo. Sin embargo, existen casos en los que este tipo de eventos se ha utilizado mucho antes de esta etapa. Por ejemplo, en el desarrollo del modelo Sienna 2004. En este caso, Andy Lund (gerente de programa de Toyota Sienna en USA) comenzó con un evento *hansei* en la primera etapa de creación del prototipo, recolectando información de un amplio rango de participantes en el proceso de desarrollo del producto.

Después del recabado de información, Lund pudo consolidar la misma en cuatro tópicos críticos que llevaron a la definición de rutas causales. La forma que utilizo para iniciar el proceso de *hansei* fue realizando cinco veces la pregunta "¿Por qué?" para distintos problemas que surgieron durante el desarrollo del prototipo y reviendo el flujo del proceso en toda su extensión. Este procedimiento permitió detectar que Toyota había insistido demasiado en que cada parte de la fase de creación del prototipo sea lo más perfecta posible. Esta insistencia ocasionó, como resultado, que ante un cambio propuesto por los ingenieros de diseño, el mismo debía ser testeado cuidadosamente antes de que el prototipo saliera de fábrica; generando así una demora significativa en la producción final de las partes del mismo, retrasando lo programado.

Los cambios en el vehículo que el mercado demanda todo el tiempo, lleva a un replanteo importante como reflexión o *hansei* del gerente ante esta cuestión: "...aprendimos que también es de valor el hecho de que sea posible congelar el proceso en algún momento de manera de poder testear el vehículo completo y aprender tanto como sea posible en ese punto."[101] La ventaja de tener un ciclo de desarrollo de producto corto y regular es que cuando se aprende algo, se presenta la oportunidad de aplicar inmediatamente lo que se aprendió a los nuevos vehículos para mejorar el proceso y el producto en sí mismos.

Asimismo, los aspectos culturales como el aprendizaje en el interior de las organizaciones despertó el interés de numerosos investigadores en la década de 1980 y en el comienzo de la década de 1990. Chris Argyris[102] fue uno de los precursores en la cuestión del aprendizaje organizacional. A partir de la teoría de aprendizaje organizacional de Argyris, se desarrolla la idea que propone Weick de la existencia de los modelos mentales colectivos que le dan sentido a la organización[103]. Al compartir la experiencia y el conocimiento las organizaciones refuerzan sus capacidades y se difunde el concepto de las "organizaciones que aprenden".[104]

Obtener y gestionar el conocimiento en el interior de las organizaciones pasó a ser un asunto de vital importancia y fuente de poder. El primer autor en utilizar la expresión de "la sociedad del conocimiento" fue Peter Drucker a fines de la década de 1960. Para Drucker la sociedad del conocimiento sucedería a la sociedad de la información y en ella lo importante no sería la cantidad de información sino su productividad.[105] En el siguiente apartado se analiza el diseño organizacional a partir de la fuerza integradora que ejerce el capital humano de Toyota.

---

[101] Liker, J., The Toyota Way, McGraw-Hill, New York, 2004, p. 260.

[102] Argyris, Chris y Schon, Donald, "Organizatinal learning: A theory of action perspective", Ed. Addison-Wesley, 1978.

[103] Weick, Karl E., "The Social Psychology of Organizing". Ed. Mc Graw Hill, 1969.

[104] Senge, Peter, "La Quinta Disciplina", Ed. Granica, 2006.

[105] Drucker, Peter, "La era de la discontinuidad" Harper and Row, New York, 1969.

Capítulo 3

La Fuerza integradora del Capital Humano

Propiciar los cambios necesarios para crear las condiciones apropiadas que posibiliten una eficaz gestión del conocimiento, requiere el análisis previo de la estructura y el sistema de fuerzas predominantes en la organización. En el apartado anterior se ha analizado, entre otros temas, la fuerza expansiva de la experimentación impulsada por la compañía. Se considera que esta fuerza expansiva se complementa directamente con la fuerza integradora ejercida a través del sistema de dirección de recursos humanos *"Up and in"* de Toyota.

Este sistema de dirección de los recursos humanos garantiza la seguridad de trabajo mientras enfatiza el desarrollo continuo del potencial creativo individual a través del aprendizaje y la mejora. Esta postura es diferente a la convencional política occidental de dirección de recursos humanos donde aquellos que fallan se van (*up or out*). Por el contrario, Toyota rara vez busca la salida de sus empleados por cometer errores sino que intenta mejorar sus capacidades dentro de la compañía a través de entrenamientos en el trabajo.

Uno de los pilares del comportamiento organizacional de Toyota es el "respeto por las personas". Este concepto se refleja en las prácticas de recursos humanos que persiguen cultivar diversas habilidades en los empleados. Entre ellas se puede señalar la estimulación al pensamiento independiente y desde perspectivas múltiples, con una mentalidad abierta y un punto de vista a largo plazo. Otras prácticas importantes de recursos humanos se fundamentan en el descubrimiento por parte del personal de sus propias capacidades a través del cambio organizacional y la posibilidad de tomar decisiones para la compañía.

En 1951, la compañía institucionalizó un programa que estimulaba a los trabajadores de la línea de producción a realizar sugerencias en relación a la mejora del proceso. En la mayoría de las empresas occidentales, la responsabilidad de pensar acerca de cómo reducir costos, mejorar la calidad o aumentar la seguridad esta en manos de los gerentes de línea. En Toyota, el gerente de línea tiene que cultivar en los trabajadores el pensamiento creativo y otorgarles libertad para que efectúen recomendaciones a sus superiores.

En este caso, la dirección de los recursos humanos contiene cinco aspectos centrales que forman parte de un sistema más general que dirige la creación del conocimiento en la compañía[106], a saber:
- La estabilidad, el empleo a largo plazo;
- El énfasis en el entrenamiento continuo;
- El poder en el equipo de trabajo;
- La orientación a la acción;
- La evaluación basada en el aprendizaje.

Concertar contratos de largo plazo entre la compañía y el personal es una característica relevante no solo para la dirección de recursos humanos *"Up and in"* sino para la creación de conocimiento en general. El desarrollo de las capacidades organizacionales lleva su tiempo y la rotación continua del personal no beneficia a la compañía en este aspecto. La adquisición de experiencia en diferentes funciones por parte de la gente

---

[106] Osono, E.; Shimizu, N. y Tekeuchi, H., Extreme Toyota, John Wiley, 2008, pp. 168-9.

colabora en la toma de mejores decisiones. El empleo de largo plazo le permite a Toyota generar un compromiso con el personal para educarlo y adoctrinarlo en el comportamiento esperado del mismo, guiado por la cultura corporativa común.

Este comportamiento que emana de la cultura organizacional le otorga libertad al personal para la toma de decisiones basada en una serie de lineamientos que dirigen a Toyota. La compañía ha institucionalizado una serie de programas de entrenamiento –dentro y fuera del lugar de trabajo– para formar una fuerza de trabajo con habilidades múltiples. Entre las categorías de entrenamiento están los basados en la calidad; los orientados al control operacional y a la mejora; los dirigidos al entrenamiento directivo y el entrenamiento basado en la adquisición de habilidades y/o conocimientos.

Otro aspecto interesante del entrenamiento en Toyota es el rol que ocupan las personas talentosas como maestros y mentores. La compañía forma a sus líderes como maestros que aprenden a través de la experimentación continua. Como mentores, ellos comparten historias de experiencias personales de las que emanan valores que pasan de generación en generación. Las personas que ingresan a Toyota, luego del entrenamiento, logran darse cuenta de que la mejora de las operaciones no es su trabajo sino el de los trabajadores. Su rol es el de ayudarlos a entender esta responsabilidad y posibilitarles llevar a cabo el trabajo encomendado.

Este entrenamiento –como mentores y maestros- guía a los directivos a construir el trabajo como experimentos y a enseñarles a otros a hacer lo mismo como parte de un equipo. El sistema de dirección de recursos humanos de Toyota enfatiza la importancia de la colaboración y cooperación de todos, asumiendo que la contribución del equipo es lo que cuenta en definitiva. La interacción de diferentes perspectivas se valora mucho más que el aporte realizado por un individuo. El espíritu grupal sobre el individual conlleva a que lo importante es el esfuerzo puesto por el grupo en el proceso del logro de los objetivos donde los medios y las acciones juegan un papel fundamental.

La orientación a la acción por parte del personal es otra característica sustancial de la dirección de recursos humanos. Para la obtención de resultados, se debe actuar con determinación, de manera sostenida y continua. El énfasis puesto en el proceso de ejecución de la acción para alcanzar las metas particulares articuladas en una misión global es consistente con otros procesos de mejora continua de Toyota como el *kanban*, el *andon*, el *kaizen* y otros.[107] De esta manera, la compañía intenta mejorar el proceso de creación de conocimiento general en cada aspecto de su negocio.

Muchos autores han puesto de manifiesto la importancia de la creación del conocimiento como uno de los factores condicionantes del éxito empresario. El sistema de dirección de recursos humanos *"Up and in"* posibilita el ambiente necesario para este desarrollo y crecimiento. En el caso especial de la industria automotriz, la gestación de este clima laboral es fundamental para el aprendizaje de la experiencia. El ex Presidente de Toyota, Watanabe, reconoció la importancia de la experiencia como base para la gestión del conocimiento tácito en esta compañía.

Para este directivo, el conocimiento tácito consiste en tener una habilidad o un instinto para algo basado en la experiencia, siendo fundamental que este conocimiento tácito quede asentado en manuales, y en máquinas o tecnología de la información y robótica (en otras palabras, en conocimiento explícito). Sin embargo, el reconoce que en el momento en que ese conocimiento tácito se explicita, el crecimiento se detiene. Para crecer es necesario hacer crecer el conocimiento tácito (en los seres

---

[107] Estos conceptos son desarrollados en la cuarta parte en el marco del Sistema de Producción Toyota (TPS).

humanos) como un "espiral ascendente". En el siguiente punto se analiza el marco de diagnóstico de la organización aprendiente donde se gestan distintas formas de conversión del conocimiento.

3.1 La organización aprendiente: un marco de diagnóstico

Toda organización esta integrada por individuos y, en definitiva, aprende a través de ellos. Por lo tanto, es importante conocer distintos niveles de aprendizaje individual para luego entender como se genera el aprendizaje organizacional. El propósito de este apartado es analizar la forma en que se transfiere el aprendizaje individual al aprendizaje organizacional. De esta manera, se puede detectar la consistencia del proceso de aprendizaje (o la falta de ella) con el logro de las metas y los valores de la compañía.

Para abordar el proceso de aprendizaje es necesario diferenciar entre niveles de aprendizaje relacionados con la adquisición de conocimiento o habilidades. Aprender una habilidad (*know-how*) constituye la primera etapa –operacional- por la cual una habilidad física o mental produce alguna acción. La segunda etapa es adquirir el concepto de esa habilidad (*know-why*) para entender realmente la experiencia del aprendizaje.[108]
Fiol y Lyles dividen el aprendizaje en dos niveles:
a) un nivel bajo de aprendizaje que incluye la repetición de comportamientos pasados o ajustes que una organización va realizando;
b) un nivel elevado de aprendizaje que involucra el desarrollo de reglas y asociaciones complejas que consideran nuevas acciones.

Desde esta perspectiva, el aprendizaje abarca el vínculo entre acción y pensamiento integralmente; tanto de la habilidad adquirida como del entendimiento causal que la acompaña. Mientras que el aprendizaje

---

[108] Kim, Daniel, "A Framework and Methodology for linking individual and organizational learning: applications in TQM and product development", PHd Dissertation, MIT, 1993.

Toyota: Principios y fortalezas de un modelo de empresa

operacional lleva a nuevas formas de hacer las tareas, el aprendizaje conceptual conduce a formas de pensamiento acerca de las mismas.

La habilidad de experimentar continuamente que tiene la gente de Toyota -por ejemplo, el consecuente proceso de prueba y error que requiere la fabricación del motor híbrido (*know-how*)- no es suficiente si dicha habilidad no se conceptualiza en el principio de genshi genbutsu -ir y ver por uno mismo para entender el sistema combinado que este tipo de motor requiere (*know-why*). La siguiente gráfica caracteriza ambos niveles:[109]

Aprendizaje

	Bajo Nivel	Alto Nivel
Características	Se presenta con la repetición	Ocurre a través del uso de heurística y la percepción
	Rutinas	No rutinas
	Control en tareas, reglas y estructuras inmediatas	Desarrollo de estructuras y reglas diferenciales, etc. para abarcar falta de control
	Contexto simple	Contexto ambigüo
	Ocurre en todos los niveles de la organización	Ocurre principalmente en nivel estratégico
Consecuencias	"Outcomes" de comportamiento	Percepción, heurística y conciencia colectiva
Ejemplos	Reglas formales e institucionales	Nuevas misiones/conceptos de la Dirección
	Ajustes en sistemas de Dirección	Establecer la Agenda
	Habilidad para resolver problemas	Habilidad para la definición de problemas
		Desarrollo de nuevos mitos, historia y cultura corporativa

Fig. 1. Niveles de Aprendizaje (adaptación de Fiol y Lyles)

---

[109] Fiol, C.M. y Lyles, M.A., "Organizational learning", Academic of management Review, 10 (4), 1985, pp. 803-813.

Un aspecto relevante que encierra el concepto de aprendizaje es el hecho de no ser considerado solamente como un "producto o servicio" de utilidad sino como un proceso continuo basado en la experiencia. Como ya se ha señalado, en Toyota las personas están observando y reflexionando todo el tiempo sobre la experiencia que van adquiriendo en determinadas actividades. A partir de esto, ellos van formando conceptos y generalizaciones en base a dichas reflexiones; corroborando ideas para lograr la concreción de la experiencia (aunque dejando siempre abierta la posibilidad de modificaciones a la misma).[110]

Cabe destacar que el nivel de aprendizaje operacional representa el conocimiento que se adquiere en etapas que se deben seguir para completar una tarea en particular. Este know-how esta representado por rutinas que contienen toda la información acerca de cómo se desarrollan esas tareas. El aprendizaje conceptual, en cambio, esta relacionado con un replanteo de motivos que llevan a realizar una tarea de esa manera y no de otra, muchas veces generando conceptos o generalizaciones factibles de ser modificados ante mejoras provenientes de la experimentación continua de cierta rutina. En el siguiente apartado se desarrolla la creación del conocimiento que tiene lugar a partir de este marco conceptual.

3.2 La creación del conocimiento organizacional

Para poder explicar el comportamiento de una organización es necesario comenzar por su unidad analítica básica: el conocimiento. Mas allá de que dentro de la organización se procesa el conocimiento, lo importante es la forma de generar el mismo. El conocimiento humano se puede clasificar en dos tipos:
a) el *conocimiento explícito* que se enuncia a través de un lenguaje formal,

---

[110] Este ciclo básico de aprendizaje es representado por el ciclo PDCA de Deming, desarrollado oportunamente como un factor central de la dirección Hoshin.

especificaciones, manuales de procedimiento, funciones matemáticas, etc. que se trasmite de un individuo a otro; y

b) *el conocimiento tácito* que se relaciona con lo aprendido en función de la experiencia personal y en el continuo sistema de ensayo y error. Si bien este conocimiento no es de fácil expresión, constituye un componente fundamental del comportamiento humano.

La interacción entre el conocimiento explícito y el conocimiento tácito es un proceso que se desarrolla en espiral y conforma la dinámica central de la creación de conocimiento en las organizaciones. Para Nonaka y Takeuchi la generación de conocimiento tiene lugar en tres niveles: individual, grupal y organizacional. Al interrelacionar las dos formas de interacción (entre conocimiento explícito y tácito, y entre el individuo y la organización) se obtienen cuatro tipos fundamentales de conversión del conocimiento; que juntos constituyen el proceso de creación: 1. De tácito en explícito; 2. De explícito en explícito; 3. De explícito en tácito; y 4. De tácito en tácito[111]. Estas cuatro formas se denominan socialización, exteriorización, combinación e interiorización respectivamente.

La experiencia es el fundamento del conocimiento tácito. Los modelos mentales compartidos y las habilidades técnicas transmitidas son ejemplos característicos del proceso de socialización. Los operarios trabajan con sus jefes de línea y aprenden de ellos a través de la observación, la emulación y la práctica. No es necesario el lenguaje para transmitir el conocimiento tácito ya que la información per se no tiene valor si es descontextualizada respecto a cierta cuestión. En el caso de Toyota, un ejemplo de socialización surge de las reuniones que se realizan durante las jornadas de trabajo, en lugares especiales, abiertos, utilizados para el intercambio de ideas e información.

---

[111] Nonaka, I. y Takeuchi, H., La organización creadora de conocimiento, Oxford University Press, 1999.

Explicitar el conocimiento tácito en un lenguaje formal origina el conocimiento explícito. A través del diálogo y la comunicación se presenta el proceso de exteriorización a partir del cual se generan conceptos explícitos nuevos. Este proceso de creación de conocimiento da lugar a metáforas, analogías, conceptos, etc. Las metáforas, en particular, son herramientas útiles ya que "generan nuevas interpretaciones de la experiencia al pedirle al oyente que vea una cosa en términos de otra" y "crean nuevas maneras de vivir la realidad"[112]. En el caso de Toyota, un buen ejemplo del uso de una metáfora es la meta imposible enunciada por Watanabe –ex presidente de Toyota-: "*Hacer el aire más limpio*" (la cual permitió la exploración de nuevas fuentes de tecnología).

La conversión de conocimiento por medio del cual se sistematizan los conceptos se denomina proceso de combinación. La decodificación de la visión corporativa que efectúa el nivel medio y la aplicación operativa de dichos conceptos es un ejemplo de combinación. Esto implica no solo crear nuevos conceptos y conocimientos sino también comunicarlos por medio de redes de información y centros de educación. El entrenamiento formal que se da en centros de capacitación de Toyota es un ejemplo del proceso de combinación.

Cuando el proceso de conversión implica pasar el conocimiento explícito a tácito se presenta el proceso de interiorización, que se relaciona con el "aprendiendo haciendo"[113]. Internalizar las experiencias implica no solo generar modelos mentales en el plano individual sino compartirlos de manera de socializarlos con otros miembros de la organización. Un ejemplo de conversión de conocimiento explícito a tácito en Toyota se presenta en el Roporte A3, a partir del cual se esquematizan los problemas a fin de ser resueltos en equipo.

---

[112] Donnellon a., Gray B. y Borgon M., "Communicaiton, Meaning and Organized Action", Administrative Science Quartely, 1986, pp.48-52.
[113] Nonaka, I. y Takeuchi, H. Op. cit. p. 79.

Toyota: Principios y fortalezas de un modelo de empresa

El relato de historias de la compañía que reflejen verdaderamente la experiencia vivida en el pasado es otra forma de interiorización que hace re-experimentar la vivencia de otros miembros ante situaciones particulares. La conversión de esa experiencia en un modelo mental tácito que luego se comparte con otras personas produce un aporte relevante a la cultura organizacional. Sin embargo, el proceso de interiorización por si mismo no alcanza para la creación del conocimiento organizacional.

Es sólo a partir de la interacción continua de conocimiento tácito y explícito que se esta en presencia de la creación de conocimiento en una organización. Los diferentes procesos de creación del conocimiento analizados anteriormente se interrelacionan de diversas formas generando diferentes tipos de conocimiento representados de la siguiente manera:

	Conocimiento tácito a	Conocimiento explícito
Conocimiento tácito desde	(Socialización) **Conocimiento armonizado**	(Exteriorización) **Conocimiento conceptual**
Conocmiento explícito	(Interiorización) **Conocimiento operacional**	(Combinación) **Conocimiento sistémico**

Fig. 2: Contenido del conocimiento creado por las cuatro formas[114]

Como se deduce de la gráfica anterior, la socialización produce el conocimiento armonizado, propio de modelos mentales y aptitudes empíricas compartidas. El proceso de exteriorización genera conocimiento conceptual a partir de metáforas y analogías producidas por la compañía. La combinación, en cambio, genera conocimiento sistémico como es el caso de nuevos prototipos y tecnologías aplicadas al proceso productivo. El conocimiento operacional creado por el proceso de interiorización se

---

[114] Nonaka, I. y Takeuchi, H., Op. cit. p. 81.

relaciona con la administración de procesos de producción, de proyectos y la implementación de políticas empresarias.

Como señala Watanabe en el apartado anterior, la creación de conocimiento se da en espiral donde estos contenidos interactúan entre sí. En efecto, la creación de conocimiento organizacional es un proceso en espiral que se inicia a partir de un individuo y se traslada hacia adelante pasando por comunidades de práctica que interactúan y que van más allá de las fronteras de las secciones, de los departamentos, y de la organización. En el siguiente apartado se analiza la forma de dirección *hoshin* como marco de conducción de Toyota que encausa a la compañía hacia una estructura organizacional adecuada, en cierta medida, para la creación del conocimiento.

3.3 La dirección *Hoshin*

Como se ha señalado en el marco teórico de esta obra, este tipo de dirección se basa en la integración de las actividades de todo el personal de la organización para el logro de objetivos claves ante un entorno cambiante. Las ventajas primordiales de la dirección *hoshin* kanri es la coordinación de todos los directores en el ciclo anual de planificación y la motivación generada en el personal por la participación total del mismo.

En un estudio efectuado por Shiba, Graham, y Walden[115] se expone la importancia de la dirección *hoshin* en la alineación de esfuerzos dentro y fuera de la organización en la misma dirección. Esta coordinación origina que tanto las actividades como las personas generen una conducta consistente orientada hacia los objetivos de la corporación. En un contexto cambiante, algunos objetivos pre-establecidos deben modificarse de manera oportuna. Para ello, es necesario un ordenamiento de las personas y las tareas hacia nuevas metas.

---

[115] Shiba, Sh.; Graham, A.&Walden D.: "TQM: Desarrollos Avanzados"; Ed. Productivity Press, Portland, 1995.

Desde una perspectiva metodológica, la dirección *hoshin* incluye los siguientes procedimientos de solución de problemas, a saber:

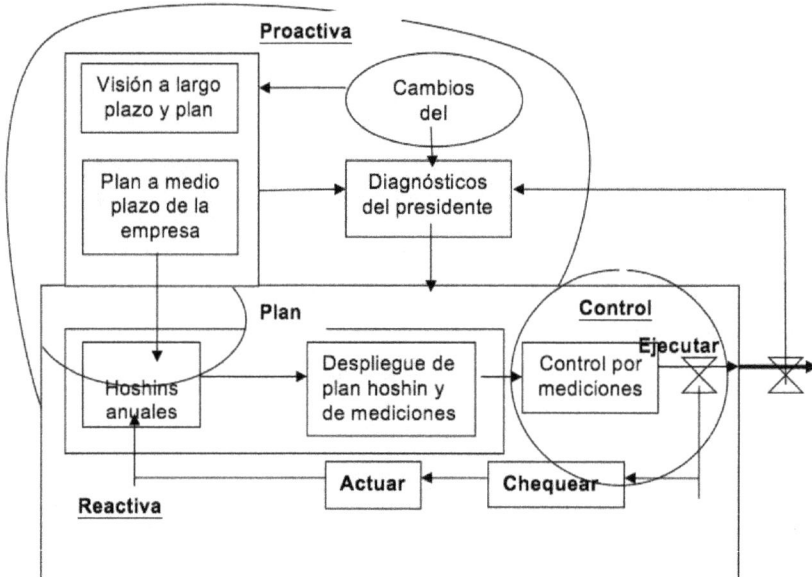

Fig. 3. Fases proactiva, reactiva y de control de la dirección *hoshin*[116]

En la etapa proactiva los cambios en el entorno influyen en la planificación a largo y mediano plazo, permitiendo así que el mismo sistema de dirección *hoshin* se ajuste y mejore. Cuando existen diferencias entre lo que ha podido ofrecer el sistema de dirección y lo que necesita realmente para –por ejemplo– satisfacer al cliente, es necesario identificar los factores que impiden al sistema ofrecer lo requerido por la demanda.

[116] Shiba, Sh.; Graham, A. y Walden D., Op. cit. pp. 416-418.

Gráficamente,

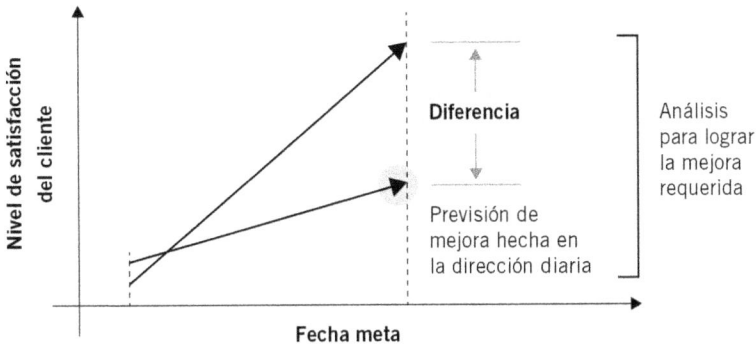

Fig. 4. Análisis del desfasaje entre la mejora prevista y la requerida.
Adapatación de Shiba, Sh.; Graham, A.&Walden D.)[117]

En este caso, como muestra la Figura precedente, la dirección *hoshin* otorga un mecanismo sistemático que permite calcular la diferencia entre lo que se hace (realmente) y lo que debe hacerse (el estándar). Una vez que se detecta esa brecha se debe coordinar al personal y las tareas necesarias para acortar esa diferencia. De esta manera, el plan *hoshin* y su despliegue conceden las herramientas necesarias para que el personal pueda ser adaptable al modo de trabajo requerido por el entorno.

En cambio, en la fase reactiva se presenta un ciclo PDCA de un año de duración, que -como práctica de la dirección *hoshin*- se aplica tanto dentro de grupos funcionales -en cada nivel organizacional - como de modo inter-funcional, a aquellos sistemas que inciden en varias funciones. En el caso de la fase reactiva, el ciclo PDCA[118] se presenta de la siguiente manera:
- Planificar: Desarrollar los *hoshin*s anuales de alto nivel, desplegar los *hoshin*s por toda la organización, y desarrollar el plan de control mediante mediciones.

---

[117] Shiba, Sh.; Graham, A.&Walden D., Op. cit. p. 420.
[118] Op. cit. pp. 480-481.

- Ejecutar: Efectuar acciones y trabajos a lo largo del año.
- Verificar: Analizar porque no se logran los *hoshin*s (ya sea porque no funcionan los medios planificados, no se ponen en práctica u otro motivo).
- Actuar: Decidir lo que hay que mejorar el próximo año o período.

La fase de control se va ejecutando a lo largo del año y permite el monitoreo de los medios y la supervisión de los resultados a fin de corroborar que los medios sean puestos en práctica. La falta de concordancia entre el uso de los medios y la obtención de los resultados esperados da lugar a acciones correctivas que salvan esta situación. Lo interesante de la dirección *hoshin* es que estas etapas se van superponiendo continuamente durante todo el año. Algo que en otra compañía podría ser considerado como superposición de tareas, en Toyota es incentivado por su propio modelo de gestión que se enmarca en su estructura organizacional informal.

Sin embargo, es a partir de una organización formal jerárquica (piramidal) que se comienza a desarrollar acciones de mejoras que se van integrando en toda la compañía. Gráficamente, la evolución de una organización formal hacia una organización paralela dentro de los grupos funcionales tendría el siguiente diseño: *(ver Fig.5)*

Para aplicar este tipo de dirección, es fundamental tener una organización paralela a la organización formal para hacer la mejora. La dirección *hoshin* induce a los directores a incorporar dichas mejoras en las metas corporativas, evitando así excesos en la demanda de recursos. Por este motivo, la planificación y el control mediante mediciones estadísticas son los procesos estandarizados que se utilizan como base para llevar adelante y monitorear las mejoras. Asimismo, en la organización paralela se desarrollan prácticas y normas de conducta diferentes a las de trabajo diario.

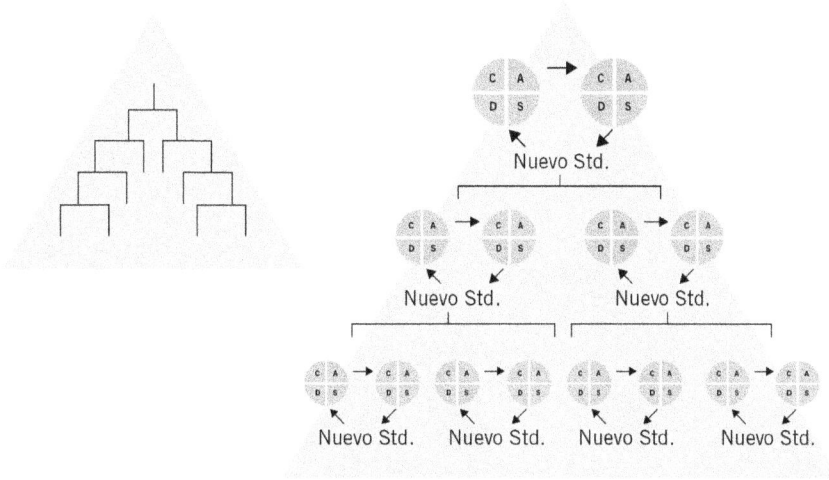

Fig. 5. Organización formal y aplicación de ciclos de mejora dentro de grupos funcionales (Adaptación gráfica de Shiba et al)

La relación jerárquica de la organización formal se convierte en una red de trabajo en la organización paralela. De la misma manera, los principios formales tanto de disciplina como de supervisión basados en resultados se reemplazan en la organización paralela por el aprendizaje mutuo y el diagnóstico. Estos cambios que se presentan -al pasar de un estilo formal de organización a otro informal- se plasman en el diseño organizacional emergente. En el siguiente capítulo, se analiza este tema con mayor profundidad como base de sustento de la gestión de conocimiento en la compañía.

Capítulo 4

El diseño organizacional de Toyota

En reciente bibliografía, Nonaka y Takeuchi[119] han analizado el escenario más adecuado para la creación del conocimiento teniendo en cuenta la estructura organizacional. Si se examina el escenario existente en la actualidad, se presentan tres modelos diferentes de gestión: el modelo "arriba–abajo", el modelo "abajo–arriba" y el modelo "centro-arriba-abajo". Para estos autores, los dos primeros modelos son tradicionales y resultan limitados en cuanto a la promoción de interacción para la generación del conocimiento. A diferencia de estos marcos de gestión, el modelo "centro-arriba-abajo" –característico de la mayoría de las compañías japonesas- aparece como una alternativa más conveniente al ubicar al mando medio en el centro de la gestión del conocimiento; reformulando el rol de directivos y empleados de primera línea.

El modelo "arriba–abajo" representa al clásico modelo jerárquico que, en cierta medida, considera a la creación del conocimiento desde el punto de vista del procesamiento de información. La información se procesa utilizando la división del trabajo: los conceptos y principios básicos son creados por los líderes de la organización y son transmitidos a los empleados para que estos los apliquen. Estos principios son los parámetros a partir de los cuales los ejecutivos de nivel medio generan las condiciones operacionales a ser aplicadas por el nivel inferior. En este

---

[119] Nonaka, I. y Takeuchi, H., La organización creadora de conocimiento, Oxford University Press, 1999.

modelo piramidal, generalmente los altos directivos son los que tienen la capacidad y están en condiciones de crear conocimiento.

Como se ha analizado en el apartado anterior, Toyota se asemeja a este tipo de organización piramidal ya que existe una jerarquía y sus principios básicos han sido creados por sus líderes. Sin embargo, su modelo de gestión contiene algunas modificaciones en cuanto a que el conocimiento muchas veces se genera en los niveles inferiores. En estos casos, el modelo "abajo-arriba" es el que se presenta con una organización por proceso de tipo horizontal.

Desde esta perspectiva, el énfasis esta puesto en la necesidad de eficacia y eficiencia que requiere una organización competente. La organización "horizontal" genera un replanteo en el diseño y manejo de la empresa que va pasando de una orientación funcional a otra orientación por proceso. La complejidad existente en los distintos procesos de una empresa origina la necesidad de establecer una jerarquía del proceso. Si se considera que los procesos son las actividades claves que se requieren para dirigir una organización, podemos afirmar que todos estos procesos conforman un macro-proceso.

Como se ha analizado en la primera parte de esta obra , Harrington propone una "arquitectura organizacional" que se basa en dejar de pensar en la funcionalidad de la organización y empezar a observar el proceso que se está intentando mejorar. La organización diseñada por procesos busca adaptar la estructura organizacional jerárquica a través de un equipo de mejora de proceso que se conforma con equipos interdisciplinarios. De esta manera, se logra que el diseño organizacional se vaya modificando de manera flexible y oportuna a los cambios que se generan tanto dentro como fuera de la compañía.

El tercer modelo de gestión analizado por Nonaka y Takeuchi es el conocido como "centro-arriba-abajo". Este modelo también se halla presente en Toyota toda vez que los ejecutivos de nivel medio (generalmente líderes de equipo) generan el conocimiento a través de un proceso de conversión en espiral que involucra tanto a directivos como a operarios de niveles inferior. La misión de estos ejecutivos del mando medio es resolver las contradicciones existentes entre lo que los ejecutivos de alto nivel quieren crear y lo que realmente se puede generar desde un punto de vista operativo. En el caso de Toyota, las metas "imposibles" que se imponen los altos ejecutivos deben ser operalisadas mediando la intervención del nivel medio que colabora en la coordinación de las ideas para lograr la ejecución de las mismas.

Por este motivo, se puede afirmar que el diseño organizacional de Toyota contiene –en mayor o menor medida- a los tres modelos de gestión. Una característica central de la compañía es la presencia del diálogo y las sesiones de campo, hechos que facilitan el intercambio de ideas y la comunicación. Sin embargo, la estandarización de los procesos constituye una competencia central de la compañía asemejándose, en este caso, a un modelo organizacional burocrático. Buscar la eficiencia operativa a través de la estandarización de los procesos (y los productos) en todo el mundo es uno de los objetivos primordiales de Toyota. Este hecho constituye el mayor dilema global de la compañía toda vez que debe elegir entre este objetivo y satisfacer las necesidades de un mercado global cambiante a través de nuevos diseños y el desarrollo de nuevos productos.

Para Nonaka y Takeuchi el proceso de desarrollo de nuevos productos es el proceso central de la generación de conocimiento organizacional. De esta manera, cuando una compañía maneja bien el proceso de desarrollo de nuevos productos, este proceso se vuelve el determinante crítico de cuan exitosa será la creación de conocimiento organizacional"[120]. Asi-

---

[120] Nonaka, I. y Takeuchi, H., La organización creadora de conocimiento, Oxford University Press, 1999.

mismo, la creación de conocimiento nuevo no se basa solamente en el procesamiento de información objetiva sino en el involucramiento del esfuerzo del personal para convalidar tanto sus creencias como el compromiso con el trabajo y la compañía.

En toda empresa, la esencia de la innovación radica en la intuición subjetiva y la capacidad de discernimiento del personal que conforma una compañía. En Toyota, el problema de atraer este tipo de personal reside en lo poco atractiva que es, en parte, su estructura piramidal y la importancia que se le otorga a la estandarización de los procesos. En el siguiente apartado se analiza a Toyota como una organización aprendiente y su Modelo de gestión del conocimiento, aplicando dinámica sistémica a una de sus etapas.

4.1 El Modelo de gestión del conocimiento

Para entender el proceso de gestión de conocimiento en esta empresa automotriz, en principio, es fundamental tener en cuenta que tanto el conocimiento como la capacidad de su gente son características que la distinguen a Toyota de otras empresas del sector industrial. Por este motivo, no es suficiente que otra empresa emule sus métodos o modelos ya que la esencia de esta compañía reside en el desarrollo adecuado de habilidades y capacidades de la gente enmarcadas en un enfoque integral de la compañía.

El enfoque central de Toyota para la capacitación se origina en una creación americana desarrollada en la Segunda Guerra Mundial denominada "Capacitación dentro de la industria" (CDI) dentro del cual existe un método de capacitación conocido con el nombre de Instrucción de Trabajo. La aplicación de este sistema permite el desglose de un trabajo específico en pequeñas piezas; con el maestro enseñando detalladamente cada elemento del trabajo y el estudiante observando, practicando y aprendiendo el elemento. Finalmente, las pequeñas piezas se van agregando en un trabajo integral.

En el proceso de la gestión del conocimiento, una etapa importante para la compañía es la identificación del conocimiento crítico dentro del lugar de trabajo. La adquisición y transferencia de conocimiento de manera efectiva es fundamental para que la gente expanda sus capacidades y mejore así el rendimiento de la compañía. "Por lo menos noventa por ciento o más de lo que consideramos talento en la vida de empleados de la empresa es en realidad aprendiendo a través del esfuerzo y de la práctica repetida. Esta es la esencia del éxito de Toyota".[121]

Asimismo, se han señalado los principios fundamentales relacionados con la solución de problemas. Entre ellos, el principio 14 señala la importancia que le da la compañía al hecho de convertirse en una organización aprendiente a través de la reflexión incesante y la mejora continua. Prueba de esto es el lugar que ocupa este tema en la jerarquía de la pirámide del modo Toyota. El motivo de esta "distinción" es considerar la conversión de la compañía en una organización de aprendizaje como parte del nivel más alto de la efectividad organizacional.

En cuanto al proceso de gestión del conocimiento, J. Liker y D. Meier lo analizan de manera similar al de solución de problemas. El primer paso consiste en definir la situación actual y explorar los antecedentes de dicha situación a fin de comprender hacia donde desea ir la organización. De esta manera se planifica y se prepara a la compañía antes de comenzar con la Instrucción de trabajo real. Gráficamente, el proceso de gestión del conocimiento tiene el siguiente procedimiento secuencial:

---

[121] Liker, J. y Meier, El talento Toyota, McGraw-Hill, New York, 2008, p.5.

Toyota: Principios y fortalezas de un modelo de empresa

Primer Paso

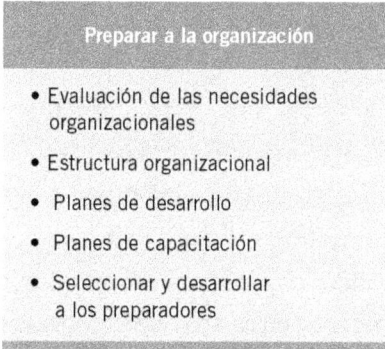

Segundo Paso

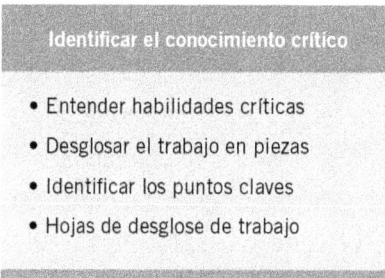

Tercer Paso

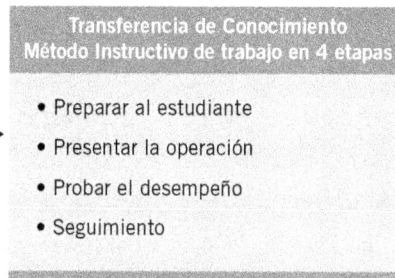

Cuarto Paso

El proceso de entrenamiento

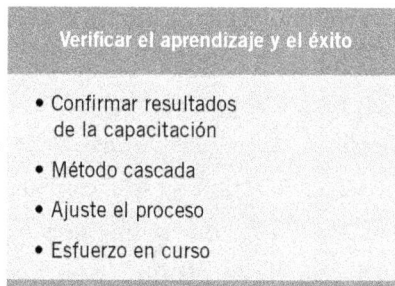

Fig. 1. Proceso Integral de gestión del conocimiento (Adaptación de Liker & Meier)[122]

[122] Liker, J. y Meier, El talento Toyota, McGraw-Hill, New York, 2008, p.54.

Para llevar a cabo este proceso de gestión del conocimiento es fundamental, en principio, evaluar las necesidades organizacionales, desarrollar una estructura organizacional para capacitar al personal (y los respectivos planes para el personal que será capacitado) e instruir a los capacitadores en su función. El segundo paso consiste en la identificación del conocimiento crítico, que radica en separar en partes el trabajo a realizar a fin de facilitar la detección de puntos clave. Si bien no hay un método específico para definir los requisitos críticos de un trabajo, el hecho de segregar las actividades involucradas facilita el análisis en detalle del mismo.

El tercer paso es la capacitación propiamente dicha que consta de cuatro etapas para que el empleado pueda lograr trabajar solo. Finalmente, el cuarto paso reside en el control del aprendizaje para asegurar que la persona esta preparada y lograr así el éxito y la mejora continua del proceso. El objetivo de esta etapa es lograr un seguimiento de lo aprendido para verificar el resultado del esfuerzo de capacitación. En la siguiente sección se aplica el método de dinámica sistémica a la identificación del conocimiento crítico y la estandarización del mismo. De esta manera, se intenta analizar los efectos de ciertas políticas de recursos humanos en dicha estandarización y en potenciales innovaciones con el fin de detectar las implicancias de estas políticas en los costos de transacción.

4.2 Dinámica Sistémica aplicada a una etapa del Modelo

La formulación de la estrategia en la compañía se basa en investigación sistemática de datos y métodos analíticos sofisticados. Toda la compañía -desde el fundador y los primeros líderes de la misma- basó la estrategia de Toyota en el estudio y la mejora (*kaizen*) progresiva y permanente de los procesos. Todo el sistema de calidad se fundamenta en la gestión de la parametrización y la mejora de procesos e insumos que intervienen en el mismo. Por ejemplo, si bien existe un compro-

miso de esta compañía con el medio que le lleva a producir autos con
energía híbrida, se busca que haya calidad en el combustible utilizado
(como el Euro IV). Si no hay confianza en la calidad del insumo que
se sustrae en el país, se restringe la producción.

El objetivo específico de esta sección es presentar los efectos de la función de motivación en la gestión del conocimiento dentro de Toyota que, ante una alta estandarización y políticas de recursos humanos
"aparentemente" contrapuestas, permite vislumbrar un escenario con
falta de incentivos para innovar en el personal. Mediante la aplicación
del método de dinámica sistémica se ha obtenido como resultado cierto
patrón de comportamiento.

Para aplicar el método de dinámica sistémica se analiza el segundo paso
del proceso de gestión del conocimiento, consistente en identificar el
conocimiento crítico. Cualquier tarea que se realice en Toyota puede
ser desglosada metódicamente para crear un trabajo estandarizado. Se
considera que esta segunda etapa del proceso es esencial para la compañía ya que la estandarización del conocimiento crítico es uno de sus
objetivos primordiales para reducir la variación y el caos en el proceso de
manera de lograr efectividad operativa y resultados superiores.

Antes de comenzar con el desglose de la labor, es necesario definir
los requisitos críticos del trabajo para clasificar las tareas y el trabajo
propiamente dicho. Para esta compañía, es muy importante el nivel
de desagregación y detalle de las tareas, hecho que involucra una gran
cantidad de actividades. Al principio, la complejidad del trabajo resulta en una mezcla de capacidades específicas, conocimiento acumulado,
variedad de las tareas y habilidades personales. Sin embargo, es muy
importante analizar y desglosar el trabajo para definir el método y
poder estandarizarlo.

La estandarización del trabajo facilita la transferencia de conocimiento entre el personal. En Toyota, esto significa que a todos los trabajadores (de distintas filiales del mundo) les es posible realizar todas las tareas (dentro de una célula, en el proceso operativo) merced a la alta estandarización. El proceso estandarizado proporciona un proceso consistente y repetible, dando lugar a la capacitación del personal. Esto genera las bases para la definición del método de trabajo facilitando la polivalencia entre los trabajadores de una misma célula de producción y, en el caso de los supervisores, entre células del proceso.

Asimismo, el trabajo polivalente produce el surgimiento de oportunidades para cooperar en la búsqueda de la resolución de problemas para el logro de una mayor eficiencia. Cabe destacar que la gente seleccionada por Toyota debe tener la capacidad y el deseo de aprender así como también estar dispuestos a trabajar como parte de un equipo. El aumento en la eficiencia productiva desarrolla mayor confiabilidad en el producto para el cliente, quien demuestra un alto grado de satisfacción y, por ende, la lealtad a la compañía.

De esta manera, la eficiencia en la producción genera un incremento en la rentabilidad de la empresa. Particularmente, el trabajo estandarizado en Toyota es un prerrequisito para la capacitación. Por este motivo es que de forma continua se incentiva tanto la estandarización como la cooperación del personal en el logro de una mayor eficiencia por medio de políticas de recursos humanos que demandan parte de los resultados que se generan. En el siguiente esquema se expone este patrón de comportamiento:

Toyota: Principios y fortalezas de un modelo de empresa

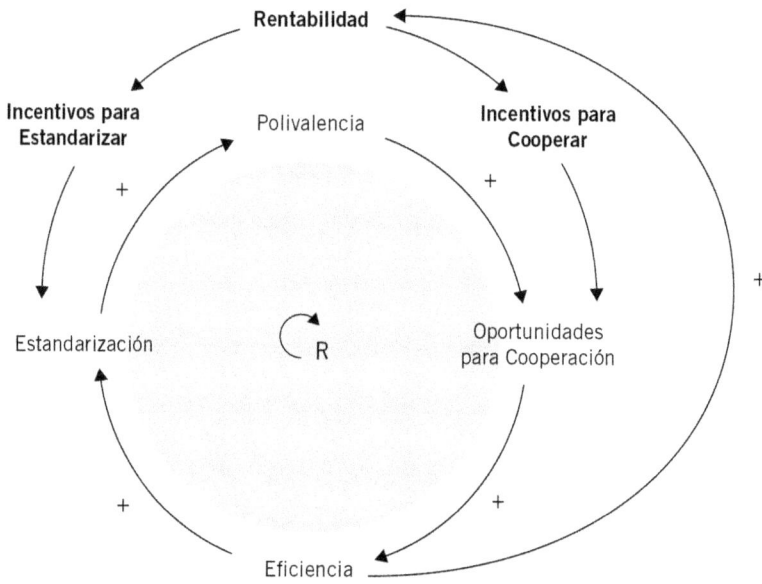

Fig. 2. Diagrama causal de los efectos de la gestión del conocimiento critico.

A partir de la figura precedente se puede afirmar que, en esta etapa
del proceso de gestión del conocimiento, se produce un rizo reforzador
generado por una alta estandarización de los procesos y, por ende, una
mayor eficiencia. En consecuencia, la mayor rentabilidad obtenida es
asignada para reforzar esta estandarización. El hecho de que una de las
políticas de la empresa establezca incentivos al personal para estandarizar los procesos en cierta medida se contrapone a la política de otorgar
incentivos para innovar. En efecto, la incorporación de cambios y/o mejoras en el producto se ve limitado por la factibilidad técnica de concreción, producto de una alta estandarización. A continuación se añade al
anterior diagrama causal, dos nueva políticas de incentivos al personal con
la intención de motivar tanto la mejora continua como la innovación. La
política de incentivos para la mejora continua genera un nuevo diagrama
"compensador" (o de balance).

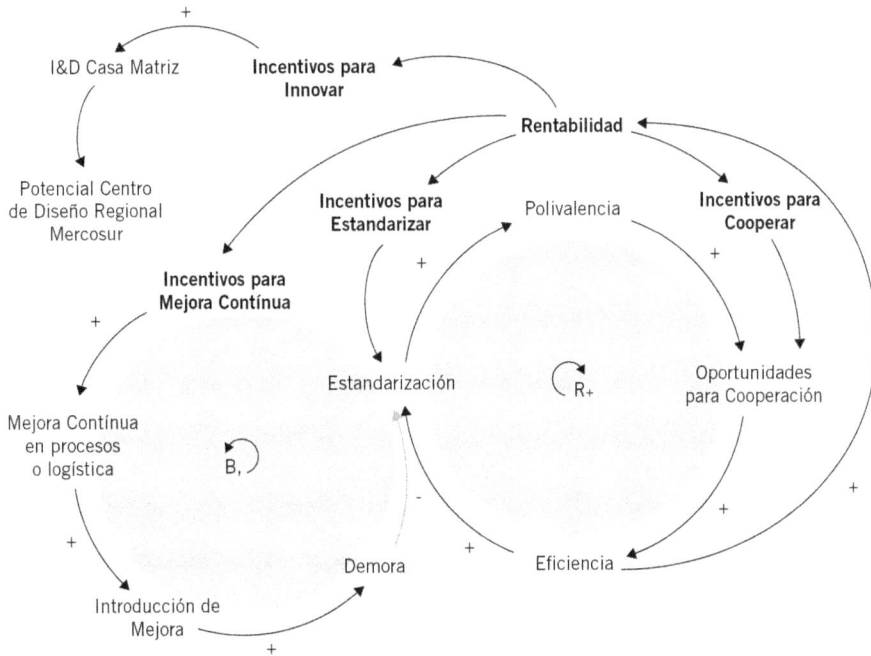

Fig. 3. Diagrama causal con los efectos de motivación de políticas de mejora e innovación.

La política de incentivos para innovar debería repercutir en una mayor motivación del personal en este aspecto. Sin embargo, como surge del presente diagrama, Toyota asigna recursos al área de Investigación y Desarrollo (I&D) de su Casa Matriz para innovar en el proceso productivo y tecnológico de la producción automotriz. De esta manera, la motivación del personal se debería focalizar en efectuar mejoras en el proceso productivo. Pero las demoras que se generan en la introducción de mejoras al proceso de estandarización de la producción limitan la motivación del personal toda vez que cualquier modificación debe pasar pruebas de factibilidad técnica.

Nótese que los incentivos para la mejora continua que emana de la política de recursos humanos, genera un nuevo diagrama "compensador" (o de balance) que influye en el diagrama "reforzador" existente ante incentivos al personal para estandarizar. Este nuevo diagrama causal desacelera la estandarización al producirse demoras en la implementación de cualquier mejora ya que es necesario testear cualquier cambio a introducir en forma previa a incorporar al proceso estandarizado. Esto muestra el complemento que se presenta en estas políticas de recursos humanos.

Como surge del diagrama precedente, la empresa también asigna recursos al área de Investigación y Desarrollo de su Casa Matriz para innovar en el proceso productivo y tecnológico de la producción automotriz. La política de incentivos para la innovación debería repercutir en una mayor motivación del personal para innovar. Sin embargo, el hecho de que toda innovación se genere en Japón desincentiva indirectamente al personal de las distintas filiales del mundo ya que actualmente el área se encuentra centralizada allí.

Al aplicar el método de dinámica sistémica a la identificación del conocimiento crítico y su estandarización (una de las etapas del modelo de gestión del conocimiento), se obtiene esta hipótesis dinámica: *"Si bien la estandarización del conocimiento crítico de las tareas genera una mayor eficiencia operativa y rentabilidad empresaria, una "aparente" contraposición de políticas de incentivos para estandarizar y hacer mejoras provoca una baja motivación en el personal para hacer mejoras. Como la innovación se produce en la Casa Matriz, los incentivos del personal para innovar decrecen en sus filiales".*

4.3 Toyota *KATA*: una forma de compatibilizar incentivos

Actualmente la compañía se esta re-estructurando y con respecto a este tema, esta considerando la posibilidad de desarrollar centros regionales de diseño de producto a fin de adaptarse a la demanda de clientes en función de sus necesidades e incentivar, al mismo tiempo, la actividad creativa e innovadora del personal en una determinada región.

En cuanto a las políticas que incentivan la estandarización y la mejora continua, Toyota persigue el objetivo de desarrollar la capacidad organizacional para mantener la mejora continua, adaptándose y satisfaciendo los requerimientos dinámicos del cliente. En pos de este objetivo, la compañía intenta compatibilizar estas políticas "aparentemente" contradictorias a partir de la perspectiva de mejora *KATA*[123], término que describe la forma de comportamiento organizacional del personal de Toyota. Gráficamente, esto se expresa de la siguiente manera:

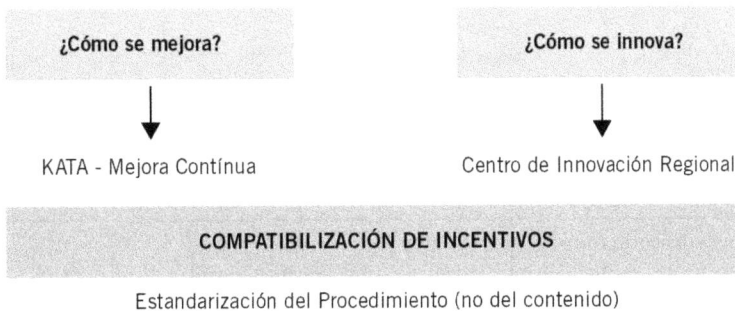

¿Cómo se mejora?	¿Cómo se innova?
↓	↓
KATA - Mejora Contínua	Centro de Innovación Regional

COMPATIBILIZACIÓN DE INCENTIVOS

Estandarización del Procedimiento (no del contenido)

Fig. 4. Estandarización del procedimiento/no del proceso

El concepto *KATA* abarca dos rutinas particulares de comportamiento: a) hábitos o formas de pensamiento individual y b) maneras de conducción de cada persona, rutinas que se enseñan y practican continuamente en Toyota. De esta manera, Toyota *KATA* indica como proceder, o sea la forma que tanto el pensamiento como el comportamiento debería tener ante una determinada situación. Sin embargo, Toyota *KATA* no indica el contenido de las rutinas, solo el procedimiento que debe seguir una determinada tarea o actividad estándar.

---

[123] Rother, M., Toyota Kata: Managing People for Improvement, Adaptiveness, and Superior Result", Mc.Graw Hill, 2010.

Toyota: Principios y fortalezas de un modelo de empresa

De esta manera, la rutina que se repite continuamente en la mejora *"Kata"* de Toyota se configura de la siguiente forma:

1. Se toma en consideración una dirección, visión o *target*; y
2. Con una primera evaluación de la situación corriente,
3. Una nueva condición de *target* en camino hacia la visión es definida.
4. Luego, cuando Toyota se esfuerza paso a paso hacia la condición de *target*, se presentan obstáculos que definen en que se necesita trabajar para sobrellevarlos y cual es la enseñanza.

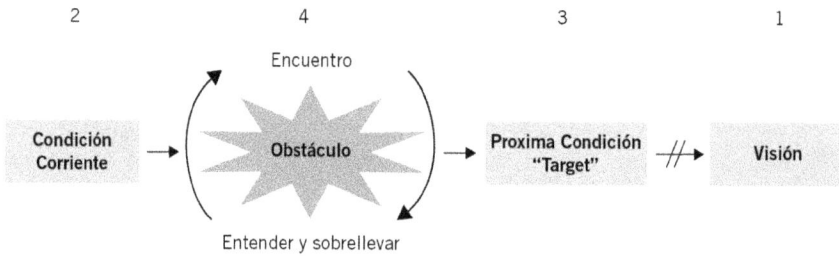

Fig. N°5. Resumen de la mejora Kata[124]

De la gráfica precedente se puede deducir que el *Target* deseado se establece a priori, definiendo como debe operar el proceso (diseño normal de operación). A medida que se intenta lograr este *target* aparecen los obstáculos, hecho que permite reconocer los problemas y trabajar sobre ellos de forma anticipada. Toyota no intenta ocultar sus dificultades toda vez que, entre sus principios, prevalece la idea de dejar que los problemas afloren para permitir la participación de todos en su resolución.

---

[124] Rother, M., Toyota Kata: Managing People for Improvement, Adaptiveness, and Superior Results, Mc.Graw Hill, 2010, p. 75.

Capítulo 5
Conclusiones

En esta tercera parte se ha intentado abordar la temática del diseño organizacional de Toyota y la gestión del conocimiento imperante en la compañía. Asimismo, se ha destacado como la principal fuente de diferenciación competitiva al capital humano. En el segundo capítulo se exponen los principios fundamentales que versan sobre la resolución continua de problemas que conducen al aprendizaje organizacional. En el principio Nº12 se desarrolla el concepto de "*genchi genbutsu*" que se basa en la importancia de ir y ver por uno mismo para entender detalladamente la situación. Es importante señalara que la experimentación es la base de este principio.

Asimismo, la experimentación es considerada por si misma una fuerza expansiva para el cambio. Sin embargo, el sólido proceso de estandarización del sistema de producción Toyota (TPS) interfiere con las modificaciones necesarias o la aparición de nuevas prácticas que podrían innovar las operaciones. Continuar con eficiencias operativas logradas a través de la práctica rutinaria atenta contra posibles cambios que la demanda requiere de esta compañía. Por este motivo, estas rigideces se están flexibilizando ante la presión ejercida por el mercado en cuanto a la necesidad de cambios en el diseño de sus productos.

"*Nemawashi*" es el término que se fundamenta en el principio Nº 13 del Modo Toyota de operación basado en la toma de decisiones por consenso y en la herramienta que se utilizada para ello: el Reporte A3 . Para Toyota, el proceso de la toma de decisión es tan importante como la calidad de la misma; tomarse el tiempo y el esfuerzo para hacer lo correcto es una obligación. El hecho de tener una única hoja de papel produce una selectividad rigurosa del contenido del reporte A3. Considerado como un mecanismo de gestión, este reporte constituye una herramienta creada para generar el resultado deseado.

Muchos autores han puesto de manifiesto la importancia de la creación del conocimiento como uno de los factores condicionantes del éxito empresario. El sistema de dirección de recursos humanos *"Up and in"* posibilita el ambiente necesario para este desarrollo y crecimiento. Este sistema de dirección de recursos humanos garantiza la seguridad de trabajo mientras enfatiza el desarrollo continuo del potencial creativo individual a través del aprendizaje y la mejora. Uno de los pilares del comportamiento organizacional de Toyota es el "respeto por las personas". Este concepto se refleja en las prácticas de recursos humanos que persiguen cultivar diversas habilidades en el personal.

Un elemento relevante de esta política es la creación del conocimiento que se genera en el ámbito organizacional. Como toda organización esta integrada por individuos y aprende a través de ellos, se analizan distintos niveles de aprendizaje individual (operacional y conceptual) para luego entender como se genera el aprendizaje organizacional. Mientras que el aprendizaje operacional lleva a nuevas formas de hacer las tareas, el aprendizaje conceptual conduce a modos de pensar acerca de las mismas. Es, a partir de este marco conceptual, que la creación del conocimiento tiene lugar.

Mas allá de que dentro de la organización se procesa el conocimiento, lo importante es la forma de generar el mismo. El conocimiento humano se puede clasificar en dos tipos: el conocimiento explícito y el conocimiento tácito. La interacción entre ambos tipos de conocimiento es un proceso que se desarrolla en espiral y conforma la dinámica central de la creación de conocimiento en las organizaciones. Los diferentes procesos de creación del conocimiento (socialización, exteriorización, combinación e interiorización) se interrelacionan de diversas formas generando diferentes tipos de conocimiento.

En Toyota, la creación del conocimiento es encausada por una forma de conducción conocida con el nombre de dirección *hoshin* kanri. Esta forma de dirección, en cierta medida, delinea el diseño organizacional que subyace en esta compañía. Este tipo de dirección se basa en la integración de las actividades de todo el personal de la organización para el logro de objetivos claves ante un entorno cambiante. Asimismo, la dirección *hoshin* otorga un mecanismo sistemático que permite la evolución de una organización formal hacia una organización paralela informal.

El diseño organizacional y el modelo de gestión del conocimiento de la compañía se sustentan en la dirección *hoshin*. Nonaka y Takeuchi analizan tres modelos diferentes de gestión: el modelo "arriba-abajo" (jerárquico); el modelo "abajo-arriba" (horizontal por proceso); y el modelo "centro-arriba-abajo". Para estos autores, este último es una alternativa muy conveniente al ubicar al mando medio en el centro de la gestión del conocimiento; reformulando el rol de directivos y empleados de primera línea.
A partir de una estructura organizacional jerárquica, el modelo de gestión de Toyota presenta algunas modificaciones en cuanto al nivel organizacional en el que se genera el conocimiento. Por este motivo, se puede afirmar que el diseño organizacional de Toyota contiene –en mayor o menor medida– a los tres modelos de gestión. Una característica central de la compañía es la presencia del diálogo y las sesiones de campo, hechos que facilitan el intercambio de ideas y la comunicación.

Toyota: Principios y fortalezas de un modelo de empresa

Sin embargo, la estandarización de los procesos constituye una competencia central de la compañía asemejándose, en este caso, a un modelo organizacional piramidal. Buscar la eficiencia operativa a través de la estandarización de los procesos (y los productos) en todo el mundo es uno de los objetivos primordiales de Toyota. Este hecho constituye el mayor dilema global de la compañía toda vez que debe elegir entre este objetivo y satisfacer las necesidades de un mercado global cambiante a través de nuevos diseños y el desarrollo de nuevos productos.

El proceso de desarrollo de nuevos productos es el proceso central de la generación de conocimiento organizacional. En toda empresa, la esencia de la innovación radica en la intuición subjetiva y la capacidad de discernimiento del personal que conforma una compañía. En Toyota, el problema de atraer este tipo de personal reside en lo poco atractiva que es, en parte, su estructura piramidal y la importancia que se le otorga a la estandarización de los procesos.

En el documento interno del Modo Toyota (*The Toyota Way*) el principio N° 14 expone como Toyota se ha convertido en una organización aprendiente a través de reflexiones perseverantes (*hansei*) y procesos de mejora continua (*kaizen*). Esta es una forma de proceder de Toyota que la caracteriza y al mismo tiempo, la lleva a ser considerada como un ejemplo de organización aprendiente. Una de las razones que se le atribuyen a Toyota para ser considerada como tal es que la compañía "...*ve a la estandarización y la innovación como dos caras de una misma moneda, combinándolas de una manera que crea una gran continuidad*".[125]

Sin embargo, a partir del análisis efectuado en el marco del objetivo de este capítulo -delinear el diseño organizacional y el modelo de gestión del conocimiento de Toyota y sus implicancias en al compañía– se ha podido

---

[125] Liker, J., The Toyota Way, McGraw-Hill, New York, 2004, p. 251.

mostrar empíricamente que, para la compañía, no es tarea fácil combinar la estandarización y la innovación de manera continua. Como se ha analizado en este capítulo, existen ciertos factores relacionados con el diseño organizacional que dificultan, de alguna manera, esta conjunción.

El problema emergente del análisis de estos diagramas es que existen políticas aparentemente contrapuestas que conducen a una baja flexibilidad de las filiales internacionales de Toyota para efectuar nuevos diseños y por ende, conllevan a bajos incentivos del personal para innovar.

Al aplicar el método de dinámica sistémica a la identificación del conocimiento crítico y su estandarización (una de las etapas del modelo de gestión del conocimiento), se obtiene esta hipótesis dinámica: "Si bien la estandarización del conocimiento crítico de las tareas genera una mayor eficiencia operativa y rentabilidad empresaria, una "aparente" contraposición de políticas de incentivos para estandarizar y hacer mejoras provoca una baja motivación en el personal para hacer mejoras. Como la innovación se produce en la Casa Matriz, los incentivos del personal para innovar decrecen en sus filiales".

Actualmente la compañía se esta re-estructurando y con respecto a este tema, esta considerando la posibilidad de desarrollar centros regionales de diseño de producto a fin de adaptarse a la demanda de clientes en función de sus necesidades e incentivar, al mismo tiempo, la actividad creativa e innovadora del personal en una determinada región.

En cuanto a las políticas que incentivan la estandarización y la mejora continua, Toyota persigue el objetivo de desarrollar la capacidad organizacional para mantener la mejora continua, adaptándose y satisfaciendo los requerimientos dinámicos del cliente. En pos de este objetivo, la compañía intenta compatibilizar estas políticas "aparentemente" contradictorias a partir de la perspectiva de mejora *KATA*[126], término que describe la forma de comportamiento organizacional del personal. Toyota no intenta ocultar sus dificultades toda vez que, entre sus principios, prevalece el *"Hansei"*: mucho más que reflexionar....

---

[126] Rother, M. Toyota Kata: Managing People for Improvement, Adaptiveness, and Superior Results, Mc.Graw Hill, 2010.

CUARTA PARTE

El Sistema de gestión *JIT* y su integración organizacional

Capítulo 1
Introducción

En esta cuarta parte de la obra se exponen los principios fundamentales que forman parte del sistema de gestión presente en el nivel operativo organizacional, donde el sistema de producción ocupa un lugar central. El objetivo de este capítulo consiste en delinear el sistema de gestión *JIT* y la forma de integración con el Modelo de negocios y de gestión, tomando en consideración los principios de la Sección II del Modo Toyota de operación. Estos principios se basan en el proceso de producción en el que la eliminación del desperdicio es fundamental.

Desde una perspectiva general, los siete principios sostienen que el proceso correcto producirá los resultados correctos, incluyendo herramientas del sistema de producción Toyota (TPS). Estas herramientas sirven para mejorar el proceso de producción y las rutinas que tienen lugar en el desarrollo de productos y servicios de apoyo a la fabricación. Estos aspectos operacionales no podrían ser concretados sin el sustento de una filosofía "lean". Los siguientes principios direccionan el desarrollo de esta cuarta parte:

1. Principio Nº 2: Crear un flujo de proceso continuo que lleve los problemas a la superficie.
2. Principio Nº 3: Usar sistemas *pull* para evitar la sobreproducción.
3. Principio Nº 4: Elevar el nivel de trabajo (*heijunka*) -"Trabaje como

Toyota: Principios y fortalezas de un modelo de empresa

tortuga no como liebre" -.

4. Principio N° 5: Construir una cultura para evitar los problemas recurrentes para conseguir la calidad correcta la primera vez.
5. Principio N° 6: Las tareas estandarizadas son el fundamento para la mejora continua y el *empowerment* del empleado.
6. Principio N° 7: Uso del control visual para no esconder problemas.
7. Principio N° 8: Utilizar tecnología confiable, testeada cuidadosamente que sirva a los procesos y la gente.

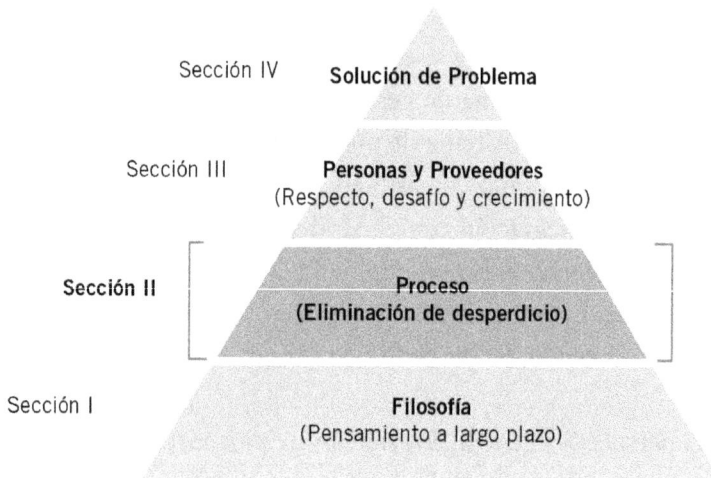

Figura N°1. Modelo de las "4 P" del Modo Toyota (Adaptación de Jeffry Liker)[127].

A partir de estos principios, se aborda el marco general del sistema de gestión *JIT* tomando en consideración la fuerza integradora que delinea el sistema central de Toyota. En la primera sección se analiza el flujo de valor que contiene el proceso productivo y la información que se intercambia entre los fabricantes de autopartes, Toyota y sus distribuidores. Las tareas críticas involucradas en la gestión de la información

---

[127] Liker, J., The Toyota Way, McGraw-Hill, New York, 2004, p. 6.

son analizadas en esta sección conjuntamente con el subsistema *pull* (o de arrastre) de la producción.

En el tercer capítulo se profundiza el sistema de gestión *JIT* exponiendo el medio para adaptar la producción a la demanda: la nivelación de la producción. La autonomización y el procedimiento *kanban* (control visual) también son incluidos en esta sección como pilares del sistema *JIT* que colaboran con la estandarización de las tareas. Luego se aplica el método de dinámica sistémica a fin de detectar los efectos de la función de control directo e indirecto de los factores que intervienen en el proceso de estandarización del presente en el sistema de gestión *JIT*. En el capítulo cuatro se analiza este sistema en conjunción con el modelo de negocio y de gestión desarrollados en la segunda y tercera parte. Finalmente, se exponen las conclusiones de esta cuarta parte de la obra.

Capítulo 2

Marco general del sistema de gestión de Toyota

2.1 El sistema central de Toyota: una fuerza integradora

Establecer Metas imposibles, incentivar la experimentación, y adaptar el producto al clientelismo local conforman las fuerzas expansivas [128] que conducen a Toyota hacia nuevos cambios y a una mayor diversidad y complejidad. Como complemento, las fuerzas integradoras que se articulan dentro de la organización permiten que la compañía se direccione en forma conjunta e internalice experiencias y perspectivas, dándole sentido al ambiente complejo en el cuál toda compañía opera.

Como parte del modelo de gestión se consideraron a la "experimentación" -como una fuerza expansiva para el cambio- y a la fuerza integradora ejercida a través del sistema de dirección de recursos humanos "*Up and in*" de Toyota. En el caso del sistema de gestión que se estudia en este capítulo se profundizan las fuerzas integradoras que se originan en la filosofía de los fundadores y que generan el sistema central de la compañía. Estas dos fuerzas integradoras están involucradas en el sistema de gestión *JIT* que consolida el sistema de producción de Toyota.

El sistema central de Toyota[129] esta conformado por el personal que

---

[128] Osono, E.; Shimizu, N. y Takeuchi, H., Extreme Toyota, John Wiley, 2008.

[129] Yoshimi Inaba, Presidente y COO of Toyota North America, lo denomina "el sistema nervioso central" haciendo analogía con el del cuerpo humano en cuanto transmite información y significado rápida y simultáneamente a todas partes del organismo (organización en este caso).

constituyen las "células" funcionales y estructurales básicas de la organización. Estas personas (células) producen y trasmiten señales que impulsan a la acción todo el tiempo. De esta manera, la información y el conocimiento de "todo" por todos se sustentan en el sistema central de Toyota, fuerza integradora que conforma una intrincada red subyacente de comunicación abierta interpersonal que promueve una proliferación transversal de conocimientos y prácticas de trabajo.

En consecuencia, la frecuencia de la interacción cara a cara dentro de la compañía es otra manera de lograr que la información fluya de manera que todos sepan sobre todo; incentivando así el desarrollo de la habilidad de escuchar por parte del personal. Osono, Shimizu, y Tekeuchi identifican cinco características del sistema central:

- Diseminación abierta y lateral del know-how.
- Libertad de expresión de opiniones contrarias.
- Frecuencia en la interacción "cara a cara".
- Explicitación del conocimiento tácito en el Modo Toyota.
- Incentivos a mecanismos que apoyan la comunicación formal e informal.

La apertura en la comunicación es fundamental para la compañía ya que permite que los empleados colaboren conjuntamente en la labor diaria. Para facilitar el trabajo en equipo, el personal es motivado con la frase comúnmente escuchada en Toyota "Let´s *yokoten*"[130], estimulando a cada persona a compartir su know-how individual y experiencias con los demás. Las mejores prácticas de cualquier actividad son efectivamente expandidas a través del *yokoten*, hecho que le otorga notoriedad a la persona que trae una mejora o idea de mejor práctica (ya sea porque se experimentó o se obtuvo de algún competidor).

---

[130] Osono, E.; Shimizu, N. y Takeuchi, H., Extreme Toyota, John Wiley, 2008.,p.146.

Para lograr una comunicación fluida del conocimiento (know-how), Toyota considera que es fundamental trabajar en un ambiente amplio sin particiones. Este lugar se conoce como *"obeya"*, concepto proveniente de Japón que no se condice con el espacio dividido en oficinas a puertas cerradas. Asimismo, la información sobre algún proyecto en particular proveniente de los equipos de trabajo se expone en hojas de papel sobre paredes a fin de que todos lo puedan ver. Este proceso de visualización se denomina *"mieruka"* y es otra de las prácticas heredadas de ese país nipón que colabora en la conducción del personal hacia una misma dirección.

Como ya se ha señalado en el tercer capítulo de la primera parte de esta obra, dentro de la organización existen contradicciones, fuerzas opuestas y paradojas en el accionar de la gente como una forma usual de articulación funcional. Toyota se caracteriza por otorgar al personal el derecho a expresarse libremente más allá de si las opiniones vertidas son contrarias o no a las de un superior. Este estado de "desequilibrio" es impuesto deliberadamente por los directivos de Toyota para generar una tensión saludable y cierta inestabilidad dentro de la empresa.

Entre las tendencias contradictorias que coexisten en Toyota, tanto el mantener la comunicación simple y a la vez compleja como el hecho de respetar la jerarquía burocrática y permitir la libertad para disentir, fortalecen el sistema central de la compañía como fuerza integradora y abierta a los cambios y a las opiniones del personal. El propósito de este comportamiento organizacional es lograr una innovación continua y una constante renovación empresaria.

Los lazos de comunicación dentro de la compañía se establecen tanto de manera horizontal –a través de los límites geográficos y funcionales- como verticalmente –a través de las divisiones jerárquicas de la organización. Esta comunicación es compleja ya que existen diferentes tipos de lenguaje dentro de la empresa[131] (dependiendo del nivel de la estructura organizacional) así como también con sus socios, proveedores y distribuidores.

Explicitar el conocimiento tácito en el Modo Toyota de operación es profundamente analizado como elemento central en su modelo de gestión. El conocimiento tácito es convertido en explícito toda vez que se verbaliza o escribe una experiencia con profundo entendimiento. Por ejemplo, parte de la sabiduría de los fundadores (valores, anécdotas, creencias, etc,) se ve reflejada en los principios que emanan de *The Toyota Way* 2001 (conocido dentro de la compañía como el "Libro Verde").

Merced a la comunicación formal e informal incentivada dentro de la compañía, se genera una disminución de la asimetría de información que contribuye a la eficiencia operativa por la que Toyota es ampliamente reconocida. En el siguiente apartado se analiza el flujo de valor y el rol de la información en el sistema de gestión *JIT*, factores que conducen a la compañía a una disminución de información asimétrica reforzando así la solidez del sistema central integrador de Toyota.

2.2 El flujo de valor y la información

El concepto de flujo de valor es la base del sistema de producción Toyota, siendo su principal impulsor Taiichi Ohno quien desaprobaba la forma de pensar en lotes y largas colas antes de pasar al siguiente estadio productivo. Desde su perspectiva, las cosas funcionan mejor cuando se hace foco en el producto y sus necesidades, en lugar de hacerlo en función de la organización o la maquinaria, de forma tal que todas las actividades necesarias para diseñar, solicitar y proporcionar un producto se sucedan en un flujo continuo.

---

[131] Frischknecht, F., Dirección Recursiva, El Ateneo, 1993.

Luego de la Segunda Guerra Mundial, Taiichi Ohno llegó a la conclusión de que el verdadero desafío era la creación de un flujo continuo de producción en cantidades pequeñas. Ohno y sus colaboradores consiguieron desarrollar el flujo continuo en producciones de pocas unidades, en la mayoría de los casos sin líneas o cadenas de ensamble. Esta forma de trabajo les enseñó a cambiar de manera rápida el utillaje necesario para pasar directamente a la fabricación de un nuevo producto y ajustando las máquinas al tamaño y capacidades adecuadas para el nuevo proceso productivo.

Si bien en investigaciones recientes Womack y Jones analizaron el flujo de valor en el sistema de gestión de Toyota, este tema fue desarrollado a principios de siglo XX por la compañía Ford. Sin embargo, para estos autores el método de Ford sólo funcionaba cuando los volúmenes de producción eran suficientemente grandes como para justificar las líneas de ensamble de alta velocidad, cuando cada producto se componía exactamente de las mismas partes y cuando el mismo modelo se fabricaba durante muchos años (por ejemplo el modelo Ford T, que se fabricó durante diecinueve años).

El concepto de flujo de valor es definido como "el conjunto de todas las acciones específicas requeridas para pasar un producto específico (un bien o servicio, o una combinación de ambos) por las tres tareas de gestión críticas de cualquier empresa: *la tarea de solución de problemas* que se inicia en la concepción, sigue en el diseño detallado e ingeniería, hasta su lanzamiento a la producción; *la tarea de gestión de la información* que va desde la recepción del pedido a la entrega, a través de una programación detallada; y *la tarea de transformación física*, con los procesos existentes desde la materia prima hasta el producto acabado en manos del consumidor"[132].

---

[132] Womack, J. y Jones, D., Lean Thinking, Gestión 2000, 2005 pp.32-33.

Toyota: Principios y fortalezas de un modelo de empresa

Las tareas críticas relacionadas con la tarea de solución de problemas fueron analizadas en el capítulo anterior con los principios de la Sección IV del Modo Toyota al analizar el proceso de toma de decisiones y el uso de la experimentación como marco del modelo de gestión. En esta sección, tanto la tarea de gestión de la información como la tarea de transformación física son propias del sistema de gestión que lidera el *JIT*.

Desde esta perspectiva, la información es central por dos razones:
* La noción de rutinas organizacionales como diseños informacionales es una consecuencia lógica de la evolución del pensamiento;
* La información es el elemento común que fluye en los sistemas de desarrollo del producto, producción y cadena de abastecimiento.

Cabe destacar que el concepto de información es diferente al de datos y conocimiento, considerando a la información como un insumo para la formación del conocimiento. La información en sí consiste en "diseños intangibles de materiales o energía que representa algunos otros eventos u objetos, en lugar de objetos intangibles propiamente dichos"[133].

De esta manera, la información que fluye a través del sistema de producción Toyota es considerada como información de valor que contiene el producto y que atrae y satisface al cliente. Si bien este flujo de información se procesa en el sistema TPS, el mismo va más allá de dicho sistema y circula del desarrollo a la producción al marketing al consumidor y luego vuelve al inicio con el desarrollo del producto, originando así una especie de sistema natural complejo. En la siguiente sección se analizan tareas críticas de gestión de la información que se presentan en el flujo continuo del proceso productivo y el sistema *pull* (o arrastre) de producción, principios fundamentales de Toyota.

---

[133] Fujimoto, T., The evolution of a Manufacturing System at Toyota, Oxford University Press, 1999, p. 13.

2.3 El sistema *"pull"* y el flujo continuo de producción

El sistema productivo de Toyota esta organizado en un flujo de proceso continuo en el que permanentemente el personal de la compañía se esfuerza en reducir gastos y donde la producción se inicia con la firma del boleto de compra-venta. El hecho de producir en pequeñas cantidades (según el pedido) y de mantener los insumos en movimiento a través de los procesos es considerado un método superior - desde la filosofía de Toyota – comparado con el producir grandes cantidades de vehículos y ponerlos a la venta, esperando la llegada del cliente.

En los ´50, cuando Taiichi Ohno fue transferido por Toyota a los Estados Unidos -más allá de su posición respecto a los desperdicios- reconoció que una producción tipo *"push"* (o empuje) comúnmente requería sobreproducir para ocupar convenientemente cada etapa del proceso productivo. Por esto motivo, este tipo de sistema se basa en un planeamiento productivo anticipado, tomando en consideración consumos históricos del cliente. Sin embargo, como la intención del cliente iba variando con el tiempo, se terminaba fabricando un producto que no se vendía en el momento estipulado (como se había programado originariamente en el plan de producción).

Al principio, Ohno[134] encontró una solución intermedia a este dilema que consistía en un sistema combinado entre este sistema *push* de piezas y el flujo de pieza única. Basado en el *performance* de los supermercados, se intentó reponer solamente lo que el "cliente" consumía o requería generando pequeños inventarios entre procesos[135]. Para poder llevar a cabo

[134] Ohno, T., Toyota Production System: Beyond Large-Scale Production, OR, Productivity Press, Portland, 1998.
[135] "En el pasillo del supermercado no sólo culmina el flujo de producto físico, cuando es atraído por la decisiones del comprador, sino también el proceso de desarrollo cuando se lanzan nuevos productos al mercado" en Womack, J. & Jones, D., Lean Thinking, Gestión 2000, 2005 p.58.

esto, Ohno necesitaba una manera de señalizar que la línea de monta-je había utilizado todas las piezas y requería cierta cantidad adicional. Es en ese momento cuando se inicia el desarrollo de señales simples y sencillas como las tarjetas denominadas "*kanban*" localizadas en cajas linderas al proceso productivo.

La provisión oportuna de la cantidad de insumos o productos deman-dados por los "clientes" dentro del proceso productivo constituye uno de los principios básicos del *JIT*. El principio Nº 3 de "*The Toyota Way*" señala la importancia del uso de sistemas *pull* (o arrastre) para evitar la sobreproducción. El hecho de minimizar el trabajo en proceso y el almacenamiento de inventarios en pequeñas cantidades y en función de lo que el cliente realmente necesita[136], es fundamental como base del sistema de "inventario cero".

Debido a que el sistema *pull* (o arrastre) esta relacionado con el uso o consumo actual de insumos o subproductos, es primordial dar respuesta a los cambios diarios de la demanda del cliente en lugar de descansar en planes de compra evitando así inventarios innecesarios. Toyota esta intentando continuamente alcanzar su ideal de aprovisionamiento jus-to a tiempo. Sin embargo, no todos los subproductos requeridos en un proceso pueden basarse en un sistema *pull*. Por ejemplo, en el caso de los servicios es necesaria cierta programación para su contratación. Cuando se dificulta crear un flujo continuo, la alternativa es tener un sistema *pull* con algo de inventario para la producción.

Establecer un flujo de proceso continuo es otro de los principios seña-lados en el Modo Toyota de la Sección que se analiza en este capítulo. El objetivo de este principio es llevar los problemas a la superficie. Para ello, se rediseñan los procesos de trabajo a fin de alcanzar un flujo con-

---

[136] En este caso el concepto de "cliente" se utiliza en el proceso productivo como el fabricante de un subproducto o prestador de servicio en la línea de producción.

tinuo de alto valor agregado. Asimismo, la tarea crítica de gestión de la información utilizada para su comunicación y el movimiento de materiales en forma oportuna constituyen factores básicos que colaboran en la vinculación de los procesos y la gente como medio para el surgimiento de los problemas en el momento.

Toyota sostiene que los procesos adecuados producirán resultados adecuados o correctos. Para ello, es fundamental conformar un flujo continuo dentro de la estructura productiva a fin de poner en marcha diferentes procesos y utilizar determinadas herramientas (aunque lo primordial es bajar los stocks). De esa manera se manifiestan las ineficiencias del proceso, las cuales deben ser resueltas inmediatamente. Dadas las circunstancias antes descriptas, el proceso es propenso a detenerse razón por la cual un grupo de personas experimentado y entrenado resuelve dificultades para evitar que eso suceda.

Cabe destacar que en el pensamiento tradicional de producción en masa sobresalen dos aspectos que persisten en la realidad industrial: la economía de escala, y la aparente flexibilidad en la asignación de tareas. La economía de escala consiste en la fabricación de la mayor cantidad de piezas en el menor tiempo posible. Esto determinará un muy bajo costo unitario ya que se intenta producir un enorme volumen. La flexibilidad en la asignación de tareas se relaciona con el intento de agrupar máquinas e individuos por especialidad y oficio, asignando así diferentes tipos de tareas en función de las necesidades emergentes.

Este modo de pensar es diferente en Toyota, toda vez que se fundamenta en el desarrollo de un flujo único y continuo basado en la siguiente serie de aspectos favorables que poseen las tareas críticas de transformación física al momento de producir:
• Construir calidad: Al ser un flujo único es mucho más sencillo asegurar la calidad. Cada trabajador es un "inspector" y detecta un pro-

blema o defecto que se encuentra frente a él. Si así no sucediera, el defecto será detectado rápidamente en la etapa subsiguiente, no permitiendo (o intentando evitar) que ese conjunto defectuoso salga a la venta y permitiendo un diagnóstico y corrección inmediatas.

- Crear una real flexibilidad: el hecho de dedicar un equipo exclusivamente a una línea específica de producto, genera cierta rigidez para destinar el mismo a otros propósitos. Pero si el tiempo de producción es mas corto, la flexibilidad en la respuesta se incrementa fabricando lo que el cliente demanda. De esta manera, se cuenta con mas tiempo para ajustar la maquinaria al tipo de producto demandado por el cliente y responder así rápidamente.

- Generar una mayor productividad: En la concepción habitual de producción en masa no está claro el tema relacionado a la productividad. En el caso de la célula donde se presenta el flujo de producción de una pieza única, todo se basa en el real agregado de valor en cada etapa del proceso de manufactura.

- Liberar espacios de proceso: Cuando se trata de producir a partir de la organización por departamentos, se sobre-utiliza el espacio debido a inventarios de subproductos entre etapas. En la concepción de Toyota, estos inventarios desaparecen evitando así excesos de uso de capacidad instalada que no son necesarios.

- Mejorar la seguridad: El movimiento dentro de la fábrica de menores lotes de producción disminuye considerablemente la probabilidad de algún infortunio laboral.

- Aumentar la moral: En una línea de producción, donde cada etapa verdaderamente agrega valor al producto, el empleado ve claramente los resultados de su esfuerzo, situación que le permite tener un sentimiento de autorrealización y satisfacción personal.

- Reducir el costo de inventario: La disminución de las existencias origina la liberación de capital, permitiendo a la compañía decidir su inversión en forma más conveniente. De lo contrario, se inmoviliza capital en inventarios innecesarios.

Los aspectos analizados anteriormente son inherentes al flujo único y continuo en la producción de Toyota. En su implementación se presentan dos fases bien delimitadas que conforman la base de información del proceso productivo:

1. La preparación de un plan mensual de producción que consta de un programa maestro de producción y una tabla de previsión de necesidades de autopartes (o piezas).
2. Una orden diaria de producción -después de evaluar el programa de entrega de productos- y el programa secuencial productivo.

En la primera fase, los directivos diseñan un plan mensual de ventas con el objetivo de preparar el programa maestro de producción y la previsión de necesidades de autopartes o piezas.

Mensualmente, el departamento de ventas recibe información en la que se estima la demanda de los tres meses subsiguientes, tomando en consideración los distintos modelos y versiones de cada modelo. A partir de estas proyecciones de demanda se elabora el plan de producción y en función de la capacidad operativa de la fábrica, se diagrama el programa maestro basado en la nivelación de la fabricación mensual (teniendo en cuenta el total de autos de cada modelo dividido el número de días laborables del mes).

Con la información que provee el programa maestro de producción se efectúa la planificación de necesidades de materiales. Luego se envía este listado de materiales a la correspondiente fábrica de Toyota y a cada proveedor de piezas denominando este requerimiento previsión de necesidades de autopartes o piezas. Esta previsión va a ir sufriendo variaciones en la orden de producción a diario, hecho que se va manifestando a través del sistema. Asimismo, esta orden de producción diaria es determinada por el programa de entregas de productos y el programa secuencial.

Toyota: Principios y fortalezas de un modelo de empresa

Cada vez más empresas manifiestan que intentan producir en función de la demanda del cliente. Tanto los programas de producción como la consecuente nivelación productiva colaboran en el logro de este cometido ayudados por la técnica de "*heijunka*" (Principio N°4 de *The Toyota Way*). Esta sencilla técnica intenta ajustar la demanda del cliente tomando en consideración la demanda actual mensual y el mix de productos, para luego hacer una programación de producción diaria, que se mantenga a lo largo de la semana, o hasta tanto se detecte un cambio radical en lo que ordena el cliente.

Los beneficios que se obtienen de esta operatoria son variados. Un efecto positivo importante que se genera es la reducción del riesgo de tener productos inmovilizados. Otra consecuencia favorable que se deriva de esta forma de operación consiste en conseguir una demanda productiva estable a efectuar a intermediarios y proveedores externos. Además, otro efecto positivo de la forma de operar que posee Toyota sobresale en los envíos de información que efectúan los distribuidores diariamente, y que se procesan de la siguiente manera[137]:

1. Los distribuidores remiten al sector de ventas de Toyota un pedido para el plazo de 10 días.
2. Diariamente, los distribuidores envían al sector de ventas de Toyota un pedido con las correspondientes modificaciones de ser necesario.
3. El pedido diario es enviado por la división de ventas de Toyota al sector de producción de Toyota.
4. Un programa secuencial de producción es preparado a diario y enviado a la fábrica de Toyota y sus proveedores.

Esta formulación de pedidos en cuatro etapas por parte de los distribuidores con el dato fundamental de "tipo de auto requerido", agiliza sustancialmente la salida del producto final de la cadena de montaje. Para tener información sobre este último dato, el programa secuencial

---

[137] Monden, Yasuhiro, El "just in time" hoy en Toyota, Deusto, 1996, p.101.

de producción se encarga de definir el orden de montaje de los modelos, enviando esto a pantallas en línea y en tiempo real (o documentos escritos en su defecto). Para asegurar que el trabajador de la cadena de montaje final prepare el modelo requerido, se pegan las pertinentes etiquetas de especificación de piezas a la carrocería del auto. Para controlar la cantidad de producción en otros procesos de producción, se utilizan *kanbanes* como sistema de reposición de piezas[138].

El sistema de información entre Toyota y los fabricantes de piezas se basa en un programa de producción trimestral llamado tabla de previsión de las necesidades de piezas. Durante el primer mes, esta tabla otorga una definición precisa del número de piezas necesarias para la producción diaria. Sin embargo, para los dos meses restantes las estimaciones van fluctuando así como también el volumen de producción real, siendo la medida de ajuste de estas variaciones el sistema *kanban*; sistema introducido para presionar las operatorias "corrientes arriba".

La red de comunicación entre Toyota y sus proveedores permite el envío sistemático de la tabla de previsión de las necesidades de piezas y el programa secuencial de producción a través del sistema informático. Esta red de información facilita a Toyota su adaptación a la demanda del mercado, sincronizando las actividades tanto de la compañía con sus proveedores como con sus distribuidores, fabricantes de carrocerías, etc. En el siguiente apartado, se amplían las tareas críticas de transformación física presentes en el sistema de gestión *JIT*, que conforman el flujo de valor de la producción en Toyota.

---

[138] Actualmente, existe un sistema en línea en la fase de distribución que tiene tres tipos de funciones: tratamiento en forma real, transmisión de archivos y correo electrónico. Para el uso del mismo, Toyota instaló en estas distribuidoras un sistema de gestión que permite la interconexión de sistemas abiertos.

Capítulo 3
El sistema de gestión *JIT*

Trabajar, crecer y alinear a la organización en su conjunto hacia un destino común a largo plazo es, para Toyota, un valor primordial de su visión empresaria. Cada empleado valora el lugar que tiene en la historia de la compañía y trabaja para elevar a la misma hacia el siguiente estadio. Los trabajadores de Toyota comprenden que generar valor para el cliente, la sociedad y la economía en su conjunto constituye el punto de partida de la compañía. El hecho de hacer lo correcto para el bien de la compañía, sus empleados, los clientes y la sociedad en su conjunto excede, para Toyota, cualquier decisión de corto plazo.

La responsabilidad, la autoestima y el valor agregado complementan el espíritu filosófico que sustenta el sistema de gestión *JIT*. Chase, Jacobs, y Aquilano[139] definen el sistema *JIT* como un sistema de gestión desarrollado para mejorar la productividad y la calidad, soportado por dos pilares filosóficos fundamentales de la cultura japonesa: Eliminación de los desperdicios (o muda) y Respeto por las personas.

Antes de analizar el tema de eliminación de los desperdicios (o muda), es necesario conceptualizar al desperdicio como todo aquello que no agrega valor al producto o servicio prestado. Toyota ha identificado cier-

---

[139] Chase, R., Jacobs, F.R., Aquilano, N., Administración de la Producción y Operaciones Mc Graw Hill, México, 2004, p. 478.

tos aspectos que caracterizan situaciones de desperdicio que atentan con el eficiente desarrollo de las tareas críticas de transformación física:

- Sobreproducción: El hecho de producir ítems que no han sido demandados, genera movimientos, traslados y/o almacenamiento innecesarios de exceso de inventario.

- Tiempos de espera: La existencia de mano de obra "observando" una máquina automática o esperando para que se cumpla el próximo paso productivo son algunos ejemplos de espera que no agrega valor al producto. Asimismo, la detención de la línea de producción debido a falta de subproductos, o por la existencia de algún cuello de botella productivo también son considerados mudas a eliminar.

- Transporte innecesario: Este desperdicio se presenta ante acarreos innecesarios de materia prima, productos terminados o en proceso en el sector productivo.

- Sobre-proceso o procesamiento incorrecto: La presencia de etapas productivas innecesarias genera ineficiencia en el proceso productivo. El desperdicio también se genera al proveer productos de mejor o mayor calidad según lo requerido por la especificación.

- Exceso de inventario: El exceso de materia prima, productos en proceso o terminados ocasiona tiempos de entrega más prolongados, productos dañados, costos adicionales de transporte, almacenamiento y retrasos innecesarios. Además el inventario extra oculta otros problemas como el desbalance de la línea de producción, la entrega tardía de proveedores, parada de equipos y largos tiempos de puesta a punto.

- Movimiento innecesario: Cualquier movimiento o desplazamiento generado por un empleado para la realización de una tarea innecesaria es considerado un desperdicio.

- Defectos: La producción de partes defectuosas o su corrección, reparación, reemplazo de producción e inspección generan desperdicios que deben ser eliminados oportunamente.

- Creatividad de empleados inutilizada: La falta de tiempo de los directivos para escuchar ideas, cualidades, mejoras y oportunidades de mejora por parte del personal constituyen también un desperdicio.

A partir de estos ejemplos de muda en el sistema *JIT*, se consideran los siguientes siete elementos que tienen el objetivo de eliminar los desperdicios:

1. Redes de fábricas enfocadas. Toyota construye pequeñas plantas especializadas, integradas verticalmente, con el fin de evitar operaciones grandes con consecuencias burocráticas.

2. Grupos de tecnología (GT). Los GT se caracterizan por agrupar en familias las partes similares y organizar tanto maquinarias como procesos necesarios para fabricar estas partes en células de trabajo.

3. Calidad en la fuente. Hacer lo correcto la primera vez conforma el concepto de calidad en la fuente. Ante imperfecciones o cuando algo resulta mal, el proceso o la línea de montaje se detiene de inmediato.

4. Producción Justo a Tiempo. El *JIT* contiene la idea básica de producir sólo lo que se necesita, en el momento requerido y sin excesos de producción. El objetivo es evitar desperdicios en cuanto a materiales y esfuerzos que no son necesarios de inmediato.

5. Cargas uniformes en planta (*heijunka*). El hecho de nivelar el flujo de producción es fundamental para el reparto de actividades programadas, evitando así reacciones involuntarias de factores que intervienen en la producción. En caso de ser necesario, sÓlo son recomendables los ajustes pequeños.

6. Sub-sistemas *kanban*. La palabra *kanban* tiene muchos significados pero se lo conoce normalmente como un tipo de señal de alguna clase. El uso por parte de Toyota de estas tarjetas *kanban*, sirve para el manejo y el aseguramiento del flujo de producción de materiales en el sistema de producción *JIT*.

7. Tiempos mínimos en preparación de maquinarias. La producción de diversos modelos en la línea requiere la reducción al mínimo

de los tiempos de preparación de máquinas, motivo por el cual las actividades de ajuste se diferencian entre internas y externas.

Siguiendo con el segundo pilar filosófico, Respeto por las personas, se puede afirmar que en líneas generales las empresas japonesas han luchado por garantizar el empleo de por vida a cada uno de sus trabajadores. Los empleados devuelven este gesto con lealtad, productividad y calidad. Dentro de este aspecto, se destacan dos actividades que enaltecen aun más este principio de respeto: a) la "Administración de la base a todo alrededor y b) los Círculos de calidad"[140].

La administración de la base a todo alrededor se basa en gestionar diversas situaciones por consenso por medio de comités o equipos. Si bien este proceso de decisión es lento, se intenta lograr consenso hasta llegar al nivel más bajo de la organización. Por otro lado, los círculos de calidad conformados por los empleados consisten en reuniones semanales rutinarias de equipos de trabajo con el fin de analizar actividades, tareas y problemas. El objetivo perseguido es encontrar soluciones y compartirlas con la gerencia.

Otros autores como Steven Spears y H. Kent Bowen señalan que el sistema de gestión *JIT* se sustenta en cuatro reglas básicas que direccionan el diseño; la operatoria y las mejoras de todas las actividades; la vinculación y la ruta de cada producto y servicio. Estas reglas consisten en[141]:
Regla 1: Todo el trabajo estará sumamente especificado respecto al contenido, secuencia, tiempos y resultados.
Regla 2: Toda relación entre cliente y proveedor debe ser directa y existir una vía clara, de sí o no, para enviar las solicitudes y recibir respuestas.

---

[140] Chase, R., Jacobs, F.R., Aquilano, N.,Administración de la Producción y Operaciones, Mc Graw Hill, México, 2004, p.485.
[141] Spear, S. and Bowen, K., Decoding the DNA of the Toyota Production System, Harvard Business Review, September-October (1999).

Regla 3: La ruta de cada producto y servicio debe ser simple y directa.

Regla 4: Toda mejoría se debe hacer de acuerdo con el método científico, bajo la conducción de un maestro, en el nivel más bajo posible de la organización.

El objetivo perseguido por estas reglas consiste en la necesidad de anticiparse a los problemas que pudieran existir, requiriendo para ello que las actividades, las conexiones y las rutas de flujo contengan señales que avisen automáticamente la presencia de cualquier inconveniente. De esta manera, las respuestas permanentes a los problemas a través de la "autonomización" y a la demanda por medio de la nivelación de la producción, flexibilizan este sistema aparentemente rígido, tema a profundizar en la siguiente sección.

3.1 La nivelación de la producción y la autonomización

En la compañía Toyota, el medio para adaptar la producción a la demanda es la nivelación de la producción. Esta forma de operación intenta acotar a su mínima expresión las fluctuaciones de unidades en la cadena de producción. Nivelar la cantidad total de la producción y la fabricación de cada modelo persigue el objetivo de mantener constante los volúmenes de producción diaria. La adaptación a los aumentos o disminuciones de la demanda se logran merced a la polivalencia de sus trabajadores.

Asimismo, el hecho de tener máquinas de producción generales, contratar mano de obra temporal y utilizar o no horas extras, son factores que colaboran con el ajuste de la producción a la demanda. Dentro del sistema de producción Toyota prevalece la premisa de que las unidades pueden fabricarse sin tiempos "muertos" o de inactividad, ni existencias innecesarias. En la realidad, existen variaciones en las cantidades necesarias para la línea de producción motivo por el cual la nivelación de la producción es importante.

Toyota: Principios y fortalezas de un modelo de empresa

Desde esta perspectiva, Monden afirma que la nivelación de la producción es la piedra angular del sistema de producción Toyota. Como todo proceso productivo, la línea de montaje de Toyota contiene ciertas particularidades que deben ajustarse al ritmo del volumen de venta demandado de automóviles en función de la duración del ciclo. De esta manera, se efectúan estimaciones de demanda a partir de las cuales se puedan nivelar las cantidades de partes, conjuntos y unidades que saldrán de la línea de montaje. Al mismo tiempo esto permite que la línea de montaje reciba armónicamente insumos de los procesos anteriores en el momento adecuado.

Dentro del esquema de la producción nivelada, la preparación es un tópico de vital importancia. Para ello es fundamental que los operarios de los procesos anteriores se anticipen y tengan todo el herramental y materiales a punto para pasar con el menor tiempo posible de un producto a otro. En este caso, el objetivo que se persigue es convertir la mayor parte de preparación interna en preparación externa. De esta manera, todo lo relacionado a la puesta en marcha del proceso se debe realizar en un tiempo menor, teniendo en cuenta todo lo necesario para que el proyecto se inicie oportunamente al momento de efectuar cambios de producción[142].

La nivelación de la producción esta directamente relacionada con el principio N°5 del Modo Toyota basado en la creación de una cultura que evite los problemas recurrentes para conseguir la calidad correcta la primera vez. El término característico que representa este principio es *"jidoka"*, también conocido como "autonomación" o "autonomización". Este principio consiste en detener el proceso productivo cuando sea necesario con el fin de fabricar productos de calidad.

---

[142] "Durante el período de 1945 a 1954, en Toyota, el tiempo de preparación del departamento de estampado era de dos o tres horas aproximadamente. Se redujo a un cuarto de hora en los años 1955-1964 y, después de 1970, a sólo tres minutos" en Monden, Y. "El just in time hoy en Toyota", Deusto, Bilbao, 1996, p. 31.

La detección de defectos de forma oportuna (cuando ocurren) y la detención automática de la línea de producción colaboran con el personal en la solución oportuna de inconvenientes, antes de que ese defecto se traslade a otro sector de la línea de producción. La autonomización se basa en maquinarias operadas con inteligencia humana, que detienen la línea cuando hay un problema. Los problemas de calidad que suceden y se presentan en una determinada estación de trabajo son mucho más económicos de resolver. De lo contrario, los costos de monitoreo se incrementan al tener que inspeccionar lotes de producción y reparar aquellos lotes defectuosos.

Para lograr una producción *JiT* (justo a tiempo), Monden[143] considera que es fundamental que pase el 100% de unidades exentas de defectos al proceso posterior, siendo necesario que este flujo sea rítmico y sin interrupción. Para el autor, autonomización significa incorporar un mecanismo de control que evite la producción masiva de piezas defectuosas en las máquinas o cadenas de montaje. Debido a que las máquinas son autónomas, resulta más sencillo efectuar paradas para ajustar defectos sin afectar al proceso posterior.

Un mecanismo para impedir el trabajo defectuoso consiste en situar varios dispositivos de comprobación en los accesorios e instrumentos. Este mecanismo, denominado "pokayoke" (a prueba de fallas), se complementa con el "*andon*", herramienta que consiste en un tablero eléctrico situado en algún lugar elevado de la fábrica. Utilizado como un cartel luminoso, el *andon* indica con luz amarilla que algún trabajador está pidiendo ayuda, hecho que retrasa su trabajo. En caso de prenderse la luz roja, la señal implica que la cadena se ha detenido con el objeto de ajustar alguna máquina.

El principio N°7 del Modo Toyota de operación enfatiza el uso del con-

---

[143] Monden, Y., El just in time hoy en Toyota, Deusto, Bilbao, 1996.

trol visual para no esconder problemas. Es justamente este principio el que pregona por el orden y la limpieza, características inherentes a las fábricas japonesas que se sustenta en el afamado programa de las "Cinco eses": seiri, seiton, seiso, seiketsu, shitsuke. El significado de estos términos es el siguiente:

- *"Seiri"*: Agrupe por ítems y conserve sólo lo necesario, desechando aquello que no lo es.
- *"Seiton"*: El orden es básico: un lugar para cada cosa y cada cosa en su lugar.
- *"Seiso"*: Limpieza.
- *"Seiketsu"*: Estandarización. Control de los primeros tres pasos.
- *"Shitsuke"*: Sostenimiento. Mantener el orden es un proceso permanente de mejora continua.

La implementación de este principio le permite a las empresas japonesas tener una mejor visión de lo que sucede con sus productos. En Toyota se reconoce que un control visual bien desarrollado incrementa la productividad, reduce defectos y errores, ayuda a cumplir metas, facilita la comunicación, mejora la seguridad, reduce costos y generalmente les da a los trabajadores más control de su ambiente de trabajo. Asimismo, los sistemas de información son tenidos en cuenta como alternativas de control visual, buscando complementarlos con el control humano en aras de construir calidad para el cliente.

La búsqueda de calidad es de fundamental importancia dentro de la filosofía de pensamiento de Toyota, ya que es a partir de esta búsqueda que se origina la mejora continua (o *kaizen*). El *kaizen* permite que los distintos aspectos del proceso productivo estén sujetos a la experimentación y sus resultados nunca sean definitivos[144]. De esta manera, el control y el aseguramiento de la calidad y mejora continua desestiman la necesidad de con-

---

[144] Lopez, G.; Correa, M. Y García J.C., "Tecnología, Cambio tecnológico e Innovación" en Scientia et Technica Año IX, No 22, Octubre 2003. pP.135-140)

tar con grandes inventarios, propios de trabajos defectuosos recurrentes. En la siguiente sección se analiza el sistema *Kanban* como herramienta del *JIT* que colabora con el control de inventarios y la estandarización como fundamento de la mejora continua.

3.2 La estandarización y el sistema *Kanban*

En Toyota existe el convencimiento de que la estandarización es la base para la mejora continua y la calidad. De hecho, un ingeniero de esta compañía puede visitar cualquier planta fabril de la compañía del mundo y podrá ver procesos casi idénticos. La filosofía de Toyota incentiva a quienes confeccionan estándares a trabajar para diseñar y construir calidad al formular dichos estándares por si mismos. Cualquier procedimiento de calidad debe ser simple y lo suficientemente práctico como para ser utilizado a diario por los empleados que realizan tareas.

La estructura social de empleados es una especie de burocracia permisiva o regulada. Esta burocracia tiene empleados motivados, reglas y procedimientos como factores de concreción, y una jerarquía que sustenta el aprendizaje organizacional. Toyota sostiene que para permanecer competitivos y estar continuamente entre los líderes, una compañía debe tener estándares viables y conducentes para una mejora continua de procesos repetidos.
Estos sistemas y procedimientos deben estar focalizados en mejores prácticas, permitiendo la especialización de diferentes niveles de habilidades y experiencias. El objetivo es que estos sistemas y procedimientos colaboren con el personal en el control de su propia tarea, guiándolos hacia una innovación flexible. Asimismo, los estándares deben ser lo suficientemente específicos para ser guías útiles; al mismo tiempo que deben ser generales a fin de permitir cierto grado de flexibilidad. Dichos estándares deben ser mejorados y reformulados de forma continua para un verdadero crecimiento organizacional.

Toyota: Principios y fortalezas de un modelo de empresa

Para Monden "la operación estándar indica principalmente la sucesión de varias operaciones realizadas por un trabajador polivalente que maneja varias clases de máquinas".[145] En realidad, la polivalencia del trabajador se da dentro de la misma célula y, en algunos casos -como el del supervisor de una célula-, la polivalencia se presenta entre células de producción.[146] En cuanto al procedimiento de la estandarización, se puede afirmar que existen dos tipos de hojas de operaciones estándar: la hoja de secuencia de las operaciones estándar y la hoja de operaciones estándar propiamente dicha. La primera consiste en una especie de diagrama hombre-máquina, mientras que en la hoja de operaciones estándar se especifica la duración del ciclo, la secuencia de las operaciones estándar y la cantidad en curso de productos de la misma naturaleza.

La duración del ciclo está determinada por el número estándar establecido de minutos y segundos en que se debe fabricar un producto o una pieza. Asimismo, la producción mensual se determina previamente partiendo de la demanda del mercado. Teniendo en cuenta las directivas de la oficina de planificación central que reacciona en función de la demanda, se determina la cantidad de obreros necesarios para fabricar una unidad de producción en un ciclo de duración. A partir de aquí, los trabajadores se reasignan de forma de que cada proceso opere con un número mínimo de personal.

La secuencia de las operaciones estándar indica el orden de las actividades que debe realizar un operario. Con esta orden el trabajador recoge los materiales, los coloca en la máquina correspondiente y los separa una vez elaborados. El equilibrio de la cadena se logra porque cada trabajador finaliza todas las operaciones dentro de la duración del ciclo de producción. La cantidad estándar mínima de productos en proceso es necesaria para

---

[145] Monden, Y., El just in time hoy en Toyota, Deusto, Bilbao, 1996, p. 32.
[146] Nota: este hecho fue corroborado "in-situ" en la fábrica de Toyota en Argentina (Zárate).

asegurar el funcionamiento simultáneo de toda la cadena productiva, ase-mejándose –según Monden– a una cinta transportadora "invisible".

De esta manera, la estandarización fortalece al sistema *JIT* considerado como una "filosofía" de producción que se basa en la eliminación pla-nificada de todos los gastos y la mejora continua de la productividad. Los objetivos centrales del sistema *JIT* son tener el inventario reque-rido cuando es necesario, mejorar la calidad a cero defectos y reducir los tiempos de producción disminuyendo los tiempos de detención de máquina. Para el sistema *JIT*, el pedido de la cantidad de producción de una estación particular depende del requerimiento de la próxima esta-ción (modo operativo conocido como sistema *pull*).

Como ya se ha señalado anteriormente, el subsistema *kanban* (término en japonés que significa kan = visual/ van = card) forma parte del sistema *JIT* y colabora con la eficiencia de la estandarización. Este subsistema de información que se aplica a toda la fábrica, permite un mejor con-trol de las cantidades a ser producidas en cada proceso. No esta de mas volver a reiterar que el *kanban* consiste en una tarjeta de papel, cartón o plástico que contiene detalles sobre el tamaño del lote y las cantidades a ser producidas las cuales complementan el uso del sistema *pull*[147]. En cuanto a los diferentes tipos de *kanban* se pueden mencionar el *kanban* de movimiento; el *kanban* de producción y el *kanban* del proveedor.

El *kanban* de movimiento autoriza a un determinado proceso a conse-guir las partes de procesos previos. Cada contenedor en las áreas lin-dantes al proceos productivo, tiene un *kanban* sujeto a este. Cuando el proceso siguiente comienza con la utilización de las partes, el *kanban* de movimiento es retirado y retornado a los sectores de depósito de los

---

[147] Vijaya Ramnath B., Elanchezhian, C. Y Kesavan, R., "Inventory Optimization Using Kanban System: A Case Study" en The Icfai University Journal of Business Strategy, Vol. VI, No. 2, 2009, pp. 56-68.

procesos previos. El *kanban* de producción, en cambio, explicita la cantidad de unidades que un proceso debe efectivamente fabricar y al mismo tiempo, actúa como medio de autorización para producir en procesos previos aquellas partes que han sido retiradas[148].

Cabe destacar que dichos *kanbanes* no sólo circulan dentro de las plantas fabriles de Toyota, sino que también lo hacen entre Toyota y las fábricas de sus proveedores y sus propios procesos. Existen diferencias entre este *kanban* de producción y el del proveedor ya que este último autoriza a un proveedor externo a transportar las partes requeridas por Toyota. Así, el *kanban* del proveedor es utilizado en lugar del *kanban* de movimiento y es adjuntado al contenedor lleno al cual, cuando se vacía, se le remueve el *kanban* y es enviado al proveedor correspondiente.

Para hacer viable el sistema *JIT* es necesario que el subsistema *kanban* sea correctamente aplicado. Monden[149] establece cinco reglas para dicha aplicación:
Regla N°1: Cada proceso retirará del proceso anterior los productos necesarios, en las cantidades necesarias y en el momento necesario. En el caso de esta regla, se aplican tres reglas secundarias:
* Se prohíbe toda retirada no provista del correspondiente *kanban*.
* Se prohíbe retirar mayor cantidad que la que figura en el *kanban*.
* Todo producto físico deberá llevar siempre unido un *kanban*.
Regla N°2: En cada proceso deben fabricarse los productos en las cantidades retiradas por el proceso posterior.
Regla N°3: Nunca deberán pasar al proceso posterior productos defectuosos.
Regla N°4: Deberá minimizarse el número de *kanbanes*.

---

[148] Actualmente se esta trabajando en la creación de "Kanbanes chips" que se incorporarían a los insumos o sub-productos para lograr la trazabilidad de la producción.
[149] Monden, Y., El just in time hoy en Toyota, Deusto, Bilbao, 1996, pp. 48-53.

Regla N°5: Deberá utilizarse el *kanban* para adaptarse a las pequeñas fluctuaciones de la demanda".

Las funciones del sistema *kanban* consisten en proveer información de producción; prevenir la sobreproducción y excesivo transporte de materiales, servir como una orden de trabajo sujeta a los materiales o subproductos; ayudar a revelar problemas existentes; y mantener el inventario bajo control. Para entender como interactúan algunos de los factores que colaboran con el *performance* del sistema de gestión *JIT*, en la siguiente sección se aplica el método de dinámica sistémica.

3.3 Dinámica Sistémica aplicada al sistema de gestión *JIT*

En rasgos generales, tanto el método de producción justo a tiempo como la autonomización conforman los factores fundamentales del sistema de gestión *JIT* de Toyota. Mientras el primero se basa principalmente en fabricar los elementos necesarios en las cantidades necesarias en forma oportuna[150], la autonomización consiste en el ejercicio de la función de control directa e indirecta del sistema *JIT*. Un mecanismo para evitar el trabajo defectuoso consiste en instalar varios dispositivos de comprobación que se conocen con el nombre de pokayoke (a prueba de fallas). Otro sistema de control y señalamiento utilizado es el *andon*.

El *andon* consiste en un cuadro de luces eléctricas que esta colgado en un lugar alto y visible por medio del cual, al encenderse una luz amarilla, se esta señalando que un trabajador necesita ayuda. A partir del encendido de luces rojas, se detiene la cadena de producción para efectuar ajuste de equipo. Asimismo, existen dos factores mas que constituyen la base del sistema de producción de Toyota: la flexibilidad del personal (shojinka) –en relación con la variación a el número de

---

[150] La producción justo a tiempo también es considerada en este capítulo como uno de los elementos que persigue como objetivo eliminar los desperdicios.

Toyota: Principios y fortalezas de un modelo de empresa

trabajadores en función de los cambios de la demanda- y el pensamiento creativo o las ideas innovadoras (shoikufu) que implica el uso provechoso de las propuestas de los trabajadores.

En base a estos cuatro factores básicos[151], Toyota ha desarrollado los siguientes sub-sistemas y métodos que constituyen las premisas básicas sobre las cuales se apoya la compañía, a saber:

- El sub-sistema *kanban*, para mantener la producción *JIT*.
- El método de nivelación de la producción, para adaptarse a las variaciones de la demanda (sistema *PULL*).
- El achicamiento del tiempo de preparación de las máquinas, para disminuir el plazo de producción.
- La estandarización de las operaciones, para equilibrar la cadena de producción.
- La disposición en planta de las máquinas (en U) y la polivalencia de los trabajadores, para lograr la flexibilidad del personal.
- Las actividades de mejora por pequeños grupos y el sistema de sugerencias para motivar al personal.
- El sistema de control visual, para lograr la autonomización.
- El sistema de dirección funcional, para promover el control de la calidad en toda la compañía.

Como se ha señalado anteriormente, una de las finalidades del sistema de gestión *JIT* se basa en la reducción de los costos eliminando por completo el despilfarro o la "muda". De esta manera, el sistema productivo de Toyota esta organizado en un flujo continuo de producción en el que permanentemente el personal de la compañía se esfuerza en reducir desperdicios. Considerando a la estandarización como la base de la eficiencia operativa, se puede afirmar que la misma contribuye favorablemente al flujo continuo de producción.

---

[151] Monden, Yasuhiro, El "just in time" hoy en Toyota, Deusto, 1995.

Con respecto a la producción en función de la demanda, es necesario contar con técnicas como el heijunca, que intenta ajustar la demanda mensual actual y el mix de productos solicitados generando cargas uniformes en planta. Esta técnica colabora con el sistema *pull* intentando alcanzar continuamente el aprovisionamiento justo a tiempo teniendo en cuenta la demanda del cliente. Asimismo, el medio para adaptar la producción a la demanda es la nivelación de la producción. Esta forma de operación intenta limitar en cierta medida las fluctuaciones de unidades en la cadena de producción.

De esta manera, la nivelación de la producción requiere de rutinas y la programación de las tareas a fin de lograr una sincronización de actividades que asegure el funcionamiento equilibrado del flujo continuo de producción. Para ello, también es necesaria la implementación de grupos de tecnología por medio de los cuales se concentran familias de partes similares. Estos grupos de tecnología también organizan maquinarias y procesos demandados para fabricar estas partes en células de trabajo, fortaleciendo así a las operaciones estándares en general.

El objetivo específico de esta sección es presentar los efectos de la función de monitoreo o control en el sistema de gestión *JIT* de Toyota que, ante una alta estandarización y un flujo continuo de producción, fortalecen la eficiencia operativa del sistema integral. Mediante la aplicación del método de dinámica sistémica se obtiene como resultado el siguiente patrón de comportamiento:

A partir de la figura siguiente se puede afirmar que de la interacción de los factores de producción surge un rizo reforzador generado por una alta estandarización que agiliza el flujo continuo de producción. En consecuencia, la forma de operación se refuerza a través de los propios factores del sistema *JIT*. El hecho de que el sistema *Kanban* promueva el control de inventarios en el proceso productivo, genera una baja en las existencias de la materia prima, los productos en proceso y los productos terminados.

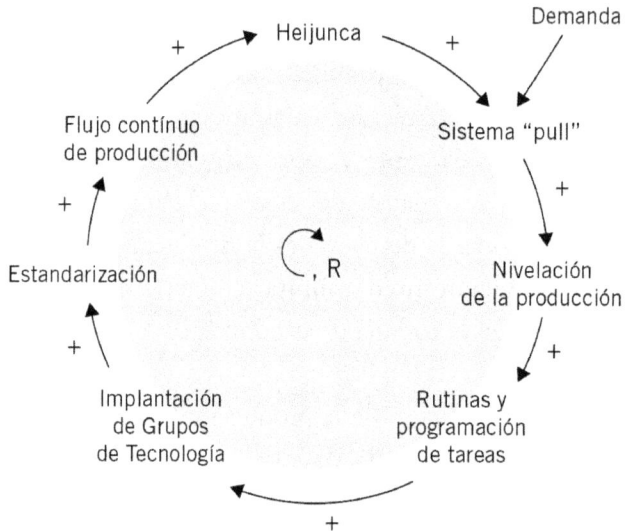

Fig. 1. Diagrama causal que muestra la interacción de algunos factores del sistema de gestión JIT.

La falta de control en los inventarios genera una mayor probabilidad de fallas, requiriendo por lo tanto mayor monitoreo de las piezas en círculos de calidad y una mayor instalación de dispositivos de control. Al mismo tiempo, por las particularidades del sistema *JIT*, se incentiva el autocontrol (*Jidoka*) y la autonomización, beneficiando la estandarización de los procesos. A continuación se añade al posterior diagrama causal, una serie de factores propios del sistema *JIT* que incentivan la función de control en forma directa e indirecta generando así un nuevo diagrama "compensador" (o de balance) que posee como centro del sistema a la estandarización.

Como surge del diagrama posterior, las funciones de monitoreo o control inmersas en el sistema de gestión *JIT* - tanto a través del sub-sistema *kanban* como por medio de las distintas formas de expresión que posee la autonomización – generan un diagrama "compensador" (o de balance)

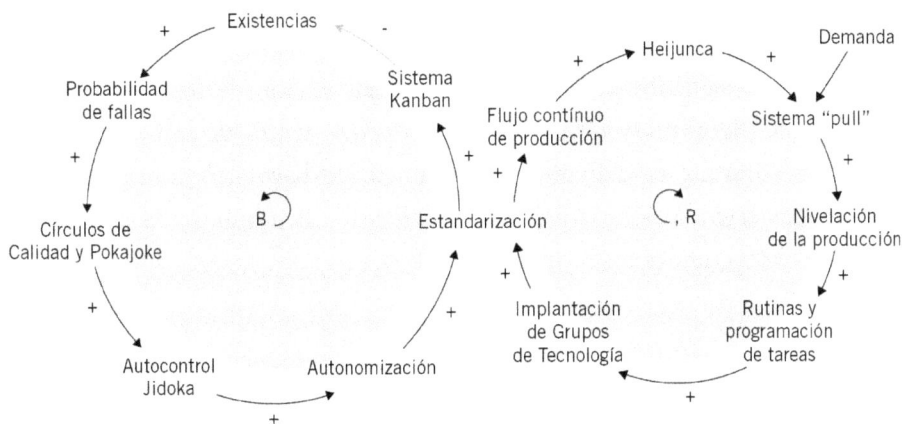

que influye en el diagrama "reforzador" desacelerando el flujo continuo

Fig. 2. Diagrama causal que muestra los efectos de la función de control en el sistema JIT.

de producción al restringir, en cierta medida, la dinámica del proceso de estandarización generado por los factores del propio sistema.

De esta manera, al aplicar el método de dinámica sistémica al *performance* del sistema de gestión *JIT*, se denota que la estandarización conforma el punto focal de dicho sistema. Esto permite obtener la siguiente hipótesis dinámica: *"El flujo continuo de producción propio del sistema de gestión JIT favorece la aplicación de la técnica heijunca, el sistema pull y la nivelación del proceso productivo en función de la demanda. Al mismo tiempo que la estandarización favorece esta forma de operación, la misma requiere indefectiblemente del sistema kanban y la autonomización para el ejercicio de la función de control de los inventarios y la calidad de la producción".*

En consecuencia, la estandarización esta condicionando por un lado a la articulación del flujo continuo de producción -que debe respetar las tareas establecidas– y por otro lado a sistemas de control de inventarios y monitoreo de fallas que colaboran con la calidad y la eficiencia operativa. Los efectos de la función de control en el sistema de gestión *JIT* están vinculados a los obtenidos por la función de motivación en el modelo de gestión y a los resultados provenientes de la función de coordinación del modelo global de negocio de Toyota. A continuación se analiza esta relación a partir del vínculo sistémico transaccional de los niveles estructurales de la organización.

Capítulo 4

Modelo de Negocio, Modelo de Gestión y Sistema de Gestión

4.1 Vinculación Sistémico - Transaccional en la compañía

El enfoque sistémico proporciona cierta noción de totalidad "orgánica" a la organización, con relaciones de causalidad e interacción constante dentro de la misma y con el contexto. Sin embargo, cuando se estudian fenómenos complejos, el todo resulta ser más que la simple suma de las partes. De esta manera, el comportamiento de los sistemas complejos debe explicarse no sólo en función de sus componentes y atributos sino también en función de todo el conjunto de relaciones existentes entre ellos.

El uso de la perspectiva sistémica para el estudio de las organizaciones ha permitido el desarrollo de distintos elementos componentes que se presentan en el *performance* organizacional. Considerando a todo sistema como un complejo de elementos en interacción continua y ordenada, es tan relevante la identificación individual de estos elementos como la interpretación de la relación existente entre los mismos y con el entorno.

Desde esta perspectiva y en función de los objetivos de este trabajo, el método de dinámica sistémica ha ayudado a dilucidar estas variables por nivel organizacional y ha permitido mostrar los efectos que ocasiona la interacción de las mismas con las funciones básicas de los costos de

Toyota: Principios y fortalezas de un modelo de empresa

transacción, propias de la perspectiva económica: (i) la coordinación de las acciones de varios actores; (ii) la motivación de estos actores; y (iii) el control o monitoreo de acciones y actores. En la siguiente gráfica se expone el planteo de la interrelación sistémico- transaccional:

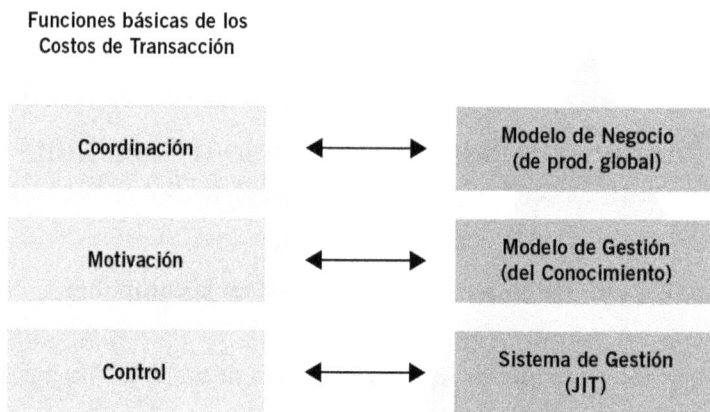

**Funciones básicas de los
Costos de Transacción**

Coordinación	←→	Modelo de Negocio (de prod. global)
Motivación	←→	Modelo de Gestión (del Conocimiento)
Control	←→	Sistema de Gestión (JIT)

Fig. 1. Efectos de las funciones básicas de la Teoría de los Costos de Transacción en el Modelo Sistémico Organizacional.

Como se ha señalado en la primera parte de esta obra, el hecho de asignar la función de coordinación al nivel estructural estratégico, la función de motivación al modelo de gestión enmarcado en el nivel organizacional administrativo, y la función de control al sistema de gestión *JIT*, no implica la inexistencia de todas las funciones básicas en todos los niveles organizacionales.

Por este motivo, se considera pertinente tomar en consideración la función más representativa dentro de cada nivel organizacional. En la siguiente sección se analiza esta gráfica teniendo en cuenta la vinculación entre las funciones básicas de los costos de transacción y los aspectos relacionados con el modelo de negocio (de producción global); el modelo de gestión (del conocimiento) y el sistema de gestión *Just in time* (*JIT*).

4.2 Interrelación de las funciones básicas de los costos de transacción con la organización Toyota

El objetivo central de esta obra es analizar la vinculación de las funciones básicas de coordinación, motivación y control que, influidas por distintas variables, generan patrones de comportamiento en cada nivel de la estructura organizacional de Toyota. Focalizando la atención en un factor central del modo "japonés" de operación, "la estandarización", en este estudio se han identificado variables de cada nivel organizacional que influyen en este factor en particular.

En el modelo de negocio, las variables analizadas surgen de la forma de gobierno corporativo de Toyota conocido como *keiretsu* japonés. Como ya se ha señalado oportunamente, el funcionamiento de una organización es influenciado por su estructura interna de gobierno que, en definitiva, es la que coordina las transacciones de la firma con las partes. De esta manera, el éxito de Toyota se fundamenta en el logro de una coordinación eficaz de las acciones de los distintos agentes que la componen.

Esta forma de dirección genera cierta descentralización en la toma de decisiones que permite obtener la concreción y continuidad de un plan factible y apropiado. Esta descentralización genera las bases para la transferencia de conocimiento (*know how*) entre los miembros del *keiretsu*, disminuyendo de esta manera la asimetría de información entre las partes. Al mismo tiempo, esta transferencia de conocimiento requiere imperiosamente de la coordinación de las actividades, para una mejor sincronización de las tareas y la consecuente estandarización del proceso productivo.

Este patrón de comportamiento constituye las bases para globalizar a la Corporación Toyota que sigue descentralizando no solo las actividades productivas de su Casa Matriz sino también el proceso decisorio que influye en el aprovechamiento de las oportunidades que se presentan localmente a nivel mundial. Como se analizo oportunamente, este proceder genera, como efecto positivo, la minimización de los costos transaccionales de coordinación. Esto es así porque la coordinación ayuda a mejorar el funcionamiento a largo plazo de las compañías individuales y de la cadena de suministro como un todo a través y dentro de las funciones del modelo de negocio[152].

En cuanto al estudio del modelo de gestión se analizó específicamente la gestión del conocimiento dentro de la compañía. En este caso, las variables analizadas surgen del segundo paso del proceso de gestión del conocimiento, consistente en identificar el conocimiento crítico. Se considera que esta segunda etapa es esencial para la compañía ya que la estandarización del conocimiento crítico es uno de sus objetivos primordiales para reducir la variación y el caos en el proceso de gestión del conocimiento de manera de lograr efectividad operativa y motivación en el personal.

Asimismo, el trabajo polivalente produce el surgimiento de oportunidades para cooperar en la búsqueda de la resolución de problemas para el logro de una mayor eficiencia. El aumento en la eficiencia productiva desarrolla mayor confiabilidad en el producto para el cliente, quien demuestra un alto grado de satisfacción y, por ende, la lealtad a la compañía. De esta manera, la eficiencia en la producción genera un incremento en la rentabilidad de la empresa.

Finalmente, al abordar el sistema de gestión *JIT* en este capítulo, las variables analizadas surgen del propio sistema *JIT* y de la autonomización. En este estudio, aparece nuevamente la estandarización como el factor primordial que contribuye favorablemente al flujo continuo de producción. Con respecto a la producción en función de la demanda, tanto la

---

[152] Mentzer, J., DeWitt, W. Keebler, J., Nix, N., Smith, C., and Z, G. "Defining supply chain management", Journal of Logistics, 22(2):1-25, 2001.

técnica heijunca como el sistema *"pull"* y la nivelación de la producción colaboran con este propósito. Asimismo, las rutinas, la programación de las tareas y los grupos de tecnología también colaboran con el fortalecimiento de la estandarización de los procesos.

4.3 Dinámica Sistémica aplicada a toda la organización

Si bien Toyota es considerada una compañía orientada al proceso, el estudio de la misma vislumbra que también existe una orientación hacia los objetivos o la visión de la empresa. Esta característica permite afirmar que esta compañía posee una orientación integradora que complementa la dirección focalizada en los objetivos (para asegurarse los resultados y un fuerte compromiso individual), con la dirección que enfatiza los procesos (para obtener mejoras a mediano y largo plazo y tareas de equipos).

El alineamiento interno de la compañía y de esta con los demás agentes vinculados (proveedores, personal, distribuidores, miembros del gobierno corporativo, etc.), ha permitido el hallazgo de tres hipótesis dinámicas que reflejan el predominio que tienen las funciones básicas de coordinación, motivación y control en los niveles organizacionales estratégico, administrativo y táctico (u operativo) respectivamente. De esta manera, en el modelo global de negocio se analizo el gobierno corporativo que, en Toyota, lo conforma el *keiretsu* japonés.

En esa oportunidad se expusieron los efectos del modelo de negocio de Toyota en la disminución de sus costos transaccionales de la función de coordinación. En este caso, se obtuvo una primera hipótesis dinámica que señala lo siguiente: *"La descentralización del proceso decisorio y productivo inmerso en el modelo global de negocio de Toyota genera una baja asimetría de información entre las partes integrantes del gobierno corporativo. Esto ocasiona un efecto positivo de disminución de costos transaccionales de coordinación y, por ende, una mejor sincronización de tareas. Como resultado la estandarización es elevada, hecho que incrementa las oportunidades de To-yota para expandirse mundialmente."*

Al aplicar el método de dinámica sistémica al Modelo de gestión presente en el nivel estructural administrativo, se tuvo en cuenta la identificación del conocimiento crítico y su estandarización (una de las etapas del modelo de gestión del conocimiento), se obtiene una segunda hipótesis dinámica: *"Si bien la estandarización del conocimiento crítico de las tareas genera una mayor eficiencia operativa y rentabilidad empresaria, una "aparente" contraposición de políticas de incentivos para estandarizar y hacer mejoras provoca una baja mo-tivación en el personal para hacer mejoras. Como la innovación se produce en la Casa Matriz, los incentivos del personal para innovar decrecen en sus filiales".*

Cabe destacar que actualmente la compañía se esta re-estructurando y, de manera ingeniosa, con respecto a este tema esta considerando la posibilidad de desarrollar centros regionales de diseño de producto a fin de adaptarse a la demanda de clientes en función de sus necesida-des e incentivar, al mismo tiempo, la actividad creativa e innovadora del personal en una determinada región. En cuanto a las políticas que incentivan la estandarización y la mejora continua, la compañía intenta compatibilizar estas políticas "aparentemente" contradictorias a partir de la perspectiva de mejora *KATA*, tomando en consideración el com-portamiento organizacional del personal de Toyota.

En cuanto al sistema de gestión *JIT*, la aplicación del método de dinámica sistémica a la *performance* del sistema, se denota que la estandarización conforma el punto focal del mismo. Esto permite obtener una tercera hipótesis dinámica: *"El flujo continuo de producción propio del sistema de gestión JIT favorece la aplicación de la técnica heijunca, el sistema pull y la nivelación del proceso productivo en función de la demanda. Al mismo tiempo que la estandarización favorece esta forma de operación, la misma requiere in-defectiblemente del sistema kanban y la autonomización para el ejercicio de la*

función de control de los inventarios y la calidad de la producción".
En la siguiente gráfica, se exponen los tres patrones de comportamiento analizados en este trabajo de investigación

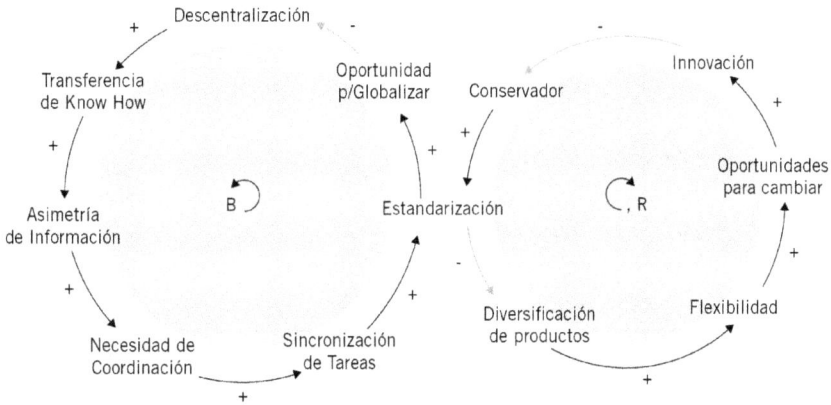

Fig. N°2 Diagrama causal con efectos de coordinación generados por el Modelo de Negocio.

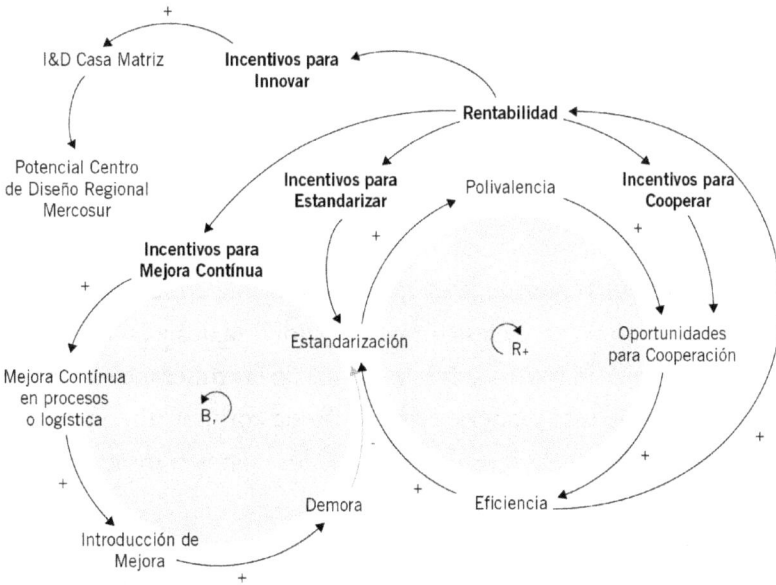

Fig. 3. Diagrama causal con efectos de motivación de políticas en modelo de gestión.

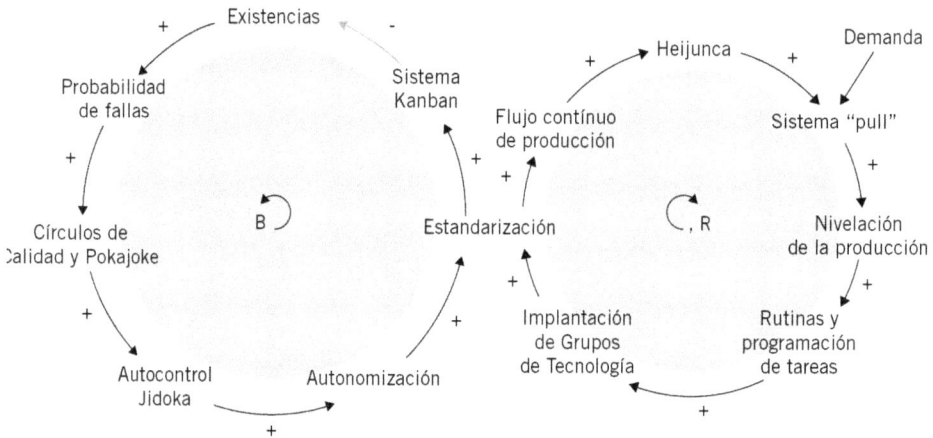

Fig. 4. Diagrama causal con los efectos de la función de control en el sistema de gestión JIT.

Como surge de los diagramas precedentes, las funciones de coordinación, motivación y monitoreo o control están influenciadas por la estandarización. En el modelo de negocio, el perfil conservador de Toyota genera un rizo reforzador originado por una alta estandarización de los procesos[153]; al mismo tiempo que además presenta un rizo compensatorio en el que la descentralización desempeña un rol importante en la tercerización de los componentes del proceso.

Es aquí donde la coordinación ocupa un lugar central en el modelo de negocio. Esto es así porque la coordinación ayuda a mejorar el funcionamiento a largo plazo de las compañías individuales y de la cadena de suministro como un todo a través y dentro de las funciones del modelo de negocio[154]. De esta manera, este patrón de comportamiento genera, como efecto positivo, la minimización de los costos transaccionales de coordinación.

En el modelo de gestión también aparece como variable central la es-

[153] Esto no implica una alta estandarización de los componentes o subproductos que, de hecho, se tercerizan en su mayoría.
[154] Mentzer, J., DeWitt, W. Keebler, J., Nix, N., Smith, C., y Z, G. "Defining supply chain management", Journal of Logistics, 22(2):1-25, 2001.

tandarización, la cual permite la transferencia de conocimiento crítico entre el personal generando motivación en la gente. En esta etapa del proceso de gestión del conocimiento, se produce un rizo reforzador generado por una alta estandarización de los procesos y, por ende, una mayor eficiencia. En consecuencia, la mayor rentabilidad obtenida es asignada para reforzar esta estandarización. El hecho de que una de las políticas de la empresa establezca incentivos al personal para estandarizar los procesos en cierta medida parecería contraponerse a la política de otorgar incentivos para innovar.

Nótese que los incentivos para la mejora continua que emana de la política de recursos humanos, genera un nuevo diagrama "compensador" (o de balance) que influye en el diagrama "reforzador" existente ante incentivos al personal para estandarizar. Este nuevo diagrama causal desacelera la estandarización al producirse demoras en la implementación de cualquier mejora ya que es necesario testear cualquier cambio a introducir en forma previa a incorporar al proceso estandarizado. De esta manera, se vislumbra la complementariedad que se presenta en estas políticas de recursos humanos.

En el sistema de gestión *JIT*, las funciones de monitoreo o control inmersas en dicho sistema -tanto a través del sistema *kanban* como por medio de las distintas formas de expresión que posee la autonomización– generan un diagrama "compensador" (o de balance) que influye en el diagrama "reforzador" desacelerando el flujo continuo de producción al restringir, en cierta medida, la dinámica del proceso de estandarización generado por los factores del sistema. Esto permite detectar los efectos de la función de control directo e indirecto de los factores que intervienen en el proceso de estandarización presentes en el sistema de gestión *JIT*. En este caso, la estandarización proporciona un proceso consistente y repetible, generando la base de sustento del modo de operación Toyota.

Capítulo 5
Conclusiones

El objetivo de esta cuarta parte consistió en delinear el sistema de gestión *JIT* y la forma de integración con el modelo de negocios y de gestión, tomando en consideración los principios de la Sección II del Modo Toyota de operación. Estos principios se basan en el proceso de producción en el que la eliminación del desperdicio es fundamental y sostienen que el proceso correcto producirá los resultados correctos, incluyendo herramientas del sistema de producción Toyota (TPS).

La filosofía de los fundadores y el sistema central de la compañía son las fuerzas integradoras involucradas en el sistema de gestión *JIT* que consolida el sistema de producción de Toyota. De esta manera, la información y el conocimiento de "todo" por todos se sustentan en el sistema central de Toyota, que promueve una proliferación transversal de conocimientos y prácticas de trabajo. Merced a la comunicación formal e informal incentivada dentro de la compañía, se genera una disminución de la asimetría de información que contribuye a la eficiencia operativa.

También se analiza el flujo de valor y el rol de la información en el sistema de gestión *JIT*, factores que conducen a la compañía a una disminución de información asimétrica reforzando así la solidez del sistema central integrador de Toyota. Las tareas críticas de gestión de la información, como parte del flujo de valor, son contempladas en el flujo continuo del proceso productivo y el sistema *"pull"* (o arrastre) de producción, principios fundamentales de Toyota.

Asimismo, las tareas críticas de transformación física presentes en el sistema de gestión *JIT*, también conforman el flujo de valor de la producción en Toyota. De esta manera, se aborda el sistema productivo de Toyota como un sistema de gestión desarrollado para mejorar la productividad y la calidad, soportado por dos pilares filosóficos fundamentales de la cultura japonesa: la eliminación de los desperdicios (o *muda*) y el respeto por las personas.

Otro tema analizado en este capítulo son las respuestas permanentes a los problemas a través de la "autonomización" y a la demanda por medio de la nivelación de la producción, factores que flexibilizan el sistema de gestión *JIT*. En la compañía Toyota, la búsqueda de la calidad es también de fundamental importancia dentro de la filosofía de pensamiento de la compañía, ya que es a partir de esta búsqueda que se origina la mejora continua (o *kaizen*).

En Toyota existe el convencimiento de que la estandarización es la base para la mejora continua y la calidad; y que la operación estándar fortalece al sistema *JIT* considerado como una "filosofía" de producción que se basa en la eliminación planificada de todos los gastos y la mejora continua de la productividad. Otra herramienta relevante del sistema de gestión *JIT* es el sub-sistema *Kanban* que colabora con el control de inventarios.

En rasgos generales, tanto el método de producción justo a tiempo como la autonomización conforman los factores fundamentales del sistema de gestión *JIT* de Toyota. Los objetivos centrales del sistema *JIT* son tener el inventario requerido cuando es necesario, mejorar la calidad a cero defectos y reducir los tiempos de producción disminuyendo los tiempos de detención de máquina. Para el sistema *JIT*, el pedido de la cantidad de producción de una estación particular depende del requerimiento de la próxima estación (modo operativo conocido como sistema *pull*).

Uno de los objetivos específicos de esta cuarta parte ha sido presentar los efectos de la función de monitoreo o control en el sistema de gestión *JIT* de Toyota. Esta función esta inmersa en el sistema de gestión *JIT* tanto a través del sistema *kanban* como por medio de las distintas formas de expresión que posee la autonomización (Auto-control, *Andon*, Pokayoke, etc.).

Los efectos de la función de control en el sistema de gestión *JIT* están vinculados a los obtenidos por la función de motivación en el modelo de gestión y a los resultados provenientes de la función de coordinación del modelo global de negocio de Toyota. Por este motivo, en el cuarto capítulo de esta cuarta parte se analiza esta relación a la luz de la vinculación sistémico transaccional de los niveles estructurales de la organización.

El objetivo central de esta obra ha sido analizar la vinculación de las funciones básicas de coordinación, motivación y control que, influidas por distintas variables, generan patrones de comportamiento en cada nivel de la estructura organizacional de Toyota. Focalizando la atención en un factor central del modo "japonés" de operación, "la estandarización", en este estudio se han identificado variables de cada nivel organizacional que influyen en este factor en particular. El alineamiento interno de la compañía y de esta con los demás agentes vinculados ha permitido el hallazgo de tres hipótesis dinámicas que reflejan el predominio que tienen las funciones básicas de coordinación, motivación y control en los niveles organizacionales estratégico, administrativo y táctico (u operativo) respectivamente de la compañía.

Con la aplicación del método de dinámica sistémica se ha podido dilucidar ciertas variables por nivel organizacional, hecho que ha permitido mostrar los efectos que ocasiona la interacción de dichas variables con las funciones básicas de los costos de transacción y aspectos relacionados con el modelo de negocio (de producción global); el modelo de gestión (del conocimiento) y el sistema de gestión *Just in time* (*JIT*).

El hecho de asignar la función de coordinación al nivel estructural estratégico, la función de motivación al modelo de gestión enmarcado en el nivel organizacional administrativo, y la función de control al sistema de gestión *JIT*, no implica la inexistencia de todas las funciones básicas en todos los niveles organizacionales. Esta asignación ha sido realizada a fin de limitar el objeto de estudio de esta obra.

Epílogo

"Cuando se lee y escucha a los altos directivos mundiales de la empresa se puede percibir que no están cómodos en la posición de primer fabricante mundial. Hablan de temporalidad, de riesgos en algunos mercados y de mantener el perfil bajo..."[155]. El síndrome del éxito es un tópico que Toyota toma en consideración intentando evitar que esa situación ocasione en los agentes involucrados la falta de tensión necesaria para afrontar desafíos todo el tiempo. Ante este panorama, mostrar cual ha sido la ruta del éxito de Toyota no es tarea fácil. Toda empresa es el resultado de múltiples factores combinados, entre los cuales existen algunos de difícil detección y medición.

El objetivo general de esta obra ha sido mostrar aquellos efectos positivos generados por el buen desempeño integral de las funciones básicas de coordinación, motivación y control o monitoreo en el modelo sistémico de Toyota con ciertas implicancias en su estructura organizacional. Los efectos negativos que surgen como contrapartida de estos efectos positivos también fueron analizados teniendo en cuenta la manera ingeniosa en que la compañía los sobrelleva. Asimismo, la presencia de principios fundamentales -que delinean la filosofía "lean" característica de Toyota- y de fuerzas expansivas e integradoras en la compañía, también influye considerablemente en el modelo de negocios; en el modelo de gestión y el diseño organizacional; y en el sistema de gestión *JIT*.

---

[155] Este comentario proviene de una entrevista efectuada a un gerente local de Toyota Argentina.

En función del primer objetivo específico de este estudio se analizó la presencia de principios fundamentales que delinean la filosofía "lean" en el modelo sistémico de Toyota, teniendo en cuenta los principios pertinentes a cada nivel organizacional de la compañía. De esta manera, el principio básico de La Filosofía de los fundadores (Sección I) se analizó a lo largo de todos los capítulos de esta obra ya que constituye la base del modo Toyota de operación. La Sección III basada en agregar valor a la organización desarrollando a su Gente y Socios fue analizada en la segunda parte de esta obra con el desarrollo del modelo global de negocio, incluyendo la relación de cooperación de Toyota con sus proveedores.

Los principios fundamentales que pregonan la solución de los problemas que derivan en el aprendizaje organizacional (Sección IV) se desarrolló en la tercera parte de esta obra tomando en consideración el modelo de gestión del conocimiento implementado en Toyota. Este modelo conforma el punto de análisis central del nivel administrativo organizacional. Finalmente, la Sección II en la que se afirma que el proceso correcto producirá los resultados correctos se expone la cuarta parte de esta obra en la que se analizó el sistema de gestión *JIT* que constituye el elemento central del nivel operativo (o táctico) de la estructura organizacional.

Utilizando la misma lógica de asignación por nivel estructural, se aborda el segundo objetivo específico de este estudio, en el que se identificaron las fuerzas expansivas e integradoras que influyen en el modelo de negocio, en el modelo de gestión del conocimiento y en el sistema de gestión *JIT* de Toyota. En este caso, las fuerzas expansivas de "Metas imposibles" y "Clientes locales" se desarrollan en la segunda parte, como parte del modelo global de negocio. En la tercera parte —modelo de gestión del conocimiento y diseño organizacional- se tomaron en consideración la fuerza expansiva de "Experimentación" y la fuerza integradora de dirección de recursos humanos "Up & In". El "Sistema central" se analizó en la cuarta parte de esta obra como la fuerza integradora central del sistema de gestión *JIT* de Toyota.

Al analizar los efectos del desempeño de las funciones básicas de la organización -influidas por la filosofía "lean" y las fuerzas expansivas e integradoras de la compañía– se tomó en consideración a la teoría de los costos de transacción como marco teórico que ha permitido identificar tres problemas importantes que a la vez constituyen las funciones básicas de toda organización económica, a saber: (i) la coordinación de las acciones de varios actores de manera de formar un plan coherente; (ii) la motivación de estos actores para hacer lo que ellos tienen que hacer de manera de alcanzar este plan; y (iii) el control o monitoreo de los actores para lograr la consecución de dicho plan.

Según el estudio realizado, la función de coordinación es preponderante en el modelo de negocios, ya que tanto la sincronización de las tareas como la designación de los agentes que se interrelacionan en el keiretu japonés direccionan la conducción de la compañía. En el modelo de gestión del conocimiento, la función de motivación es relevante en la medida en que el personal debe estar incentivado en compartir el conocimiento para poder lograr que el modelo global de producción funcione. En cuanto a la función de control dominante en el sistema de gestión *JIT*, es importante señalar el predominio de la automatización y el sistema *kanban* como formas de monitoreo de todo el sistema *JIT*.

Cabe destacar que el hecho de asignar la función de coordinación al nivel estratégico de la estructura organizacional; la función de motivación al modelo de gestión enmarcado en el nivel organizacional administrativo; y la función de control al sistema de gestión *JIT*, no implica la inexistencia de todas las funciones básicas en todos los niveles organizacionales. Esta asignación ha sido realizada en función de la dominancia que cada una de estas funciones tiene en cada nivel de la estructura organizacional en el caso de Toyota.

Para exponer el tercer objetivo específico de esta obra, se analizó el perfil de negocio de Toyota en la segunda parte y se aplicó la herramienta de dinámica sistémica analizando el correspondiente patrón de comportamiento. Del análisis de diagramas causales en el modelo de negocio se deduce que el estilo conservador de Toyota aumenta la confiabilidad en el producto ya que el cliente sabe que cualquier cambio debe pasar por la factibilidad técnica de producción. Por este motivo, se puede afirmar que su perfil empresario genera un rizo reforzador originado por una alta estandarización de los procesos y, por ende, una baja diversificación con su consecuente falta de flexibilidad para efectuar cambios e innovar en el diseño del producto.

Otro componente del modelo de negocio que se analiza en la segunda parte es el gobierno corporativo que, en este caso, lo conforma el *keiretsu* japonés. En esta parte del capítulo se exponen los efectos del modelo de negocio de Toyota en el buen desempeño de la función de coordinación. Nuevamente, a partir del uso del método de dinámica sistémica, se diseña un diagrama causal que permite obtener −en forma conjunta con el patrón de comportamiento anterior− la siguiente hipótesis dinámica:

"La descentralización del proceso decisorio y productivo inmerso en el modelo global de negocio de Toyota genera una baja asimetría de información entre las partes integrantes del gobierno corporativo. Esto ocasiona un efecto positivo en el *performance* de la función de coordinación y, por ende, una mejor sincronización de tareas, a partir de un proceso de estandarización consolidado que origina una baja asimetría de información. Como resultado la estandarización es elevada, hecho que incrementa las oportunidades de Toyota para expandirse mundialmente."

Nótese que este modelo de negocio influenciado por el modelo de producción global que Toyota ha implementado desde 1998, ha permitido que la empresa no haya sido afectada en su totalidad por el fenómeno natural del tsunami de febrero de 2011. Solo el cuarenta por ciento (40%) de la empresa esta instalada en Japón, hecho que ha beneficiado a la compañía.

En cuanto al cuarto objetivo específico de este estudio tanto el diseño organizacional como el modelo de gestión del conocimiento de la compañía fueron expuestos en la tercera parte de esta obra, tomando en consideración a la dirección *hoshin* como forma de conducción de la compañía. Nonaka y Takeuchi analizan tres modelos diferentes de gestión: el modelo "arriba-abajo" (jerárquico); el modelo "abajo-arriba" (horizontal por proceso); y el modelo "centro-arriba-abajo". Si bien en Toyota existe una estructura organizacional jerárquica, su modelo de gestión presenta algunas modificaciones en cuanto al nivel organizacional en el que se genera el conocimiento. La importancia de los procesos en la compañía genera las bases para que también se presente un diseño horizontal que atraviesa a la organización. Asimismo, el hecho de que la información se geste en el nivel administrativo produce la expansión del conocimiento hacia los demás niveles de la estructura organizacional.

En el proceso de la gestión del conocimiento, una etapa importante para la compañía es la identificación del conocimiento crítico dentro del lugar de trabajo. Al aplicar el método de dinámica sistémica a la identificación del conocimiento crítico y su estandarización (una de las etapas del modelo de gestión del conocimiento), se obtuvo esta hipótesis dinámica: "Si bien la estandarización del conocimiento crítico de las tareas genera una mayor eficiencia operativa y rentabilidad empresaria, una "aparente" contraposición de políticas de incentivos para estandarizar y hacer mejoras provoca una baja motivación en el personal para efectuar dichas mejoras. Como la innovación se produce en la Casa Matriz, los incentivos del personal para innovar decrecen en sus filiales".

El problema emergente del análisis de los diagramas causales correspondientes al modelo de gestión del conocimiento es que existen políticas aparentemente contrapuestas que conducen a una baja flexibilidad de las filiales internacionales de Toyota para efectuar nuevos diseños y por ende, conllevan a bajos incentivos del personal para innovar. Cabe destacar que los efectos positivos de la estandarización de los procesos sobresalen en el modelo sistémico de Toyota. Analizando los efectos no deseados que surgen de este efecto beneficioso es importante resaltar la manera ingeniosa con que Toyota lo sobrelleva.

En cuanto a las políticas que incentivan la estandarización y la mejora continua, Toyota persigue el objetivo de desarrollar la capacidad organizacional para mantener la mejora continua, adaptándose y satisfaciendo los requerimientos dinámicos del cliente. En pos de este objetivo, la compañía intenta compatibilizar estas políticas "aparentemente" contradictorias a partir de la perspectiva de mejora *KATA*[156], término que describe la forma de comportamiento organizacional del personal. Toyota no intenta ocultar sus dificultades toda vez que, entre sus principios, prevalece el concepto de "*hansei*" (mucho más que reflexionar).

Con respecto al tema de la centralización de la innovación en la Casa Matirz, actualmente la compañía se esta re-estructurando y es en este sentido que esta considerando la posibilidad de desarrollar centros regionales de diseño de producto a fin de adaptarse a la demanda de clientes en función de sus necesidades e incentivar, al mismo tiempo, la actividad creativa e innovadora del personal en una determinada región.

En la cuarta parte de esta obra el objetivo específico perseguido ha sido presentar los efectos de la función de monitoreo o control de los factores que se presentan en el sistema de gestión *JIT* de Toyota y la forma de integración de este sistema con el modelo de negocio y de gestión. Esta

---

[156] Rother, M.: Toyota Kata: Managing People for Improvement, Adaptiveness, and Superior Results, Mc.Graw Hill, 2010.

función esta inmersa en el sistema de gestión *JIT* tanto a través del sistema *kanban* como por medio de las distintas formas de expresión que posee la autonomización (Auto-control, *Andon*, Pokayoke).

La aplicación del método de dinámica sistémica al *performance* del sistema de gestión *JIT* muestra que la estandarización conforma el punto focal del mismo. Esto permite obtener una tercera hipótesis dinámica: *"El flujo continuo de producción propio del sistema de gestión JIT favorece la aplicación de la técnica heijunca, el sistema pull y la nivelación del proceso productivo en función de la demanda. Al mismo tiempo que la estandarización favorece esta forma de operación, la misma requiere indefectiblemente del sistema kanban y la autonomización para el ejercicio de la función de control de los inventarios y la calidad de la producción".*

Focalizando la atención en un factor central del modo "japonés" de operación, "la estandarización", en este estudio se han identificado variables en cada nivel organizacional que influyen en este factor en particular. El alineamiento interno de la compañía y de esta con los demás agentes vinculados ha permitido el hallazgo de tres hipótesis dinámicas que reflejan el predominio que tienen las funciones básicas de coordinación, motivación y control en los niveles organizacionales estratégico, administrativo y táctico (u operativo) respectivamente de la compañía.

Como resultado, el desarrollo de este estudio muestra el desempeño de las funciones básicas de coordinación, motivación y control en el Modelo integral de Toyota; hecho que genera las bases para una baja asimetría de información en los tres niveles de la estructura organizacional. Si bien a mayor división de trabajo, mayor información asimétrica, la gran diferencia que se presenta en Toyota en relación con otras compañías es haber gestado un patrón de comportamiento organizacional basado en principios sólidos consolidados en su cultura corporativa evitando así el uso de información asimétrica en forma privada. Sería importante que, a partir de este estudio, futuras investigaciones profundicen los hallazgos obtenidos en esta obra y/o efectúen estudios similares en otras compañías para corroborar o complementar la metodología y línea de pensamiento desarrollada en este caso particular.

Bibliografía

Ahmadjian, C. y Lincoln, J.: *"Keiretsu, Governance and Learning: Case Studies in Change from the Japanese Automotive Industry"*, Organization Science, Vol. 12, N°6, Nov.-Dec. 2001, pp. 683-701.

Alchiam, A. y Demzetz, H., *"Production, Information Cost, and Economic Organization"*, American Economic Review, 1972, Vol.62, 777-795.

Argyris, Chris, *Las barreras interpersonales a la toma de decisiones*, FCE-UBA, Buenos Aires, 1968.

Argyris, Chris y Schon, Donald, *"Organizatinal learning: A theory of action perspective"*, Ed. Addison- Wesley, 1978.

Barnard, Chester *The functions of the executive*, Harvard University Press, Cambridge, 1960.

Berglöf, E. y Perotti, E. *"The governance structure of the Japanese financial keiretsu*, Journal of Financial Economics 36, pp. 259-84.

Bertagnini, A. Management: *Como entenderlo, aplicarlo y aprenderlo*, Buenos Aires Prentice-Hall, 2009.

Bertagnini, A., *Las diagonales del cambio empresario*, Macchi, 1998.

Coase, R., *"The nature of the firm"*, Económica N.S., 1937.

Cohen, Shoshanah y Roussel, Joseph: *Strategic Supply Chain Management*, McGraw– Hill, 2005.

Collins, D. y Montgomery, C. "Competing on Resources: Strategy in the 1990s", Harvard Business Review, July-August, 1995.

Chase, Jocobs, Aquilano, *Administración de la producción y operaciones*, Ed.McGraw Hill., 2005.

Deleuze, G. y Guattari, F.: *"Rizoma"*, Introducción (comp.) Fernandez

Vecchi, A. Epistemología de las Ciencias Económicas, 2011.

Díaz, E., Entre la tecnociencia. *La construcción de una epistemología ampliada* Biblos, 2002.

Dierickx, I. & K. Cool, *"Asset stock accumulation and sustainability of competitive advantage"*, Management Science, Vol.35, N°12, Dec. 1989.

Donnellon A., Gray, B. y Borgon M.: *"Communication, Meaning and Organized Action"*; Administrative Science Quartely, 31: 43-55, 1986.

Douthett, E. & Jung, K., *"Japanase Corporate Grouping (Keiretsu) and the informativeness of Earnings"*, Journal of International Financial Management and Accounting, Blackwell Publishers Ltd. 2001.

Drucker, Peter, *The Age of Discontinuity*, Harper & Row, New York, 1969.

Edwards, C. & Sumimi, R.: *"Japanese Interfirm networks: Exploring the seminal sources of their success"*, Journal of Mangement Studies, Jul.97, Vol.34 Issue 4.

Echeverria, Rafael, *Ontología del Lenguaje*, Granica, Buenos Aires, 2001.

Fine, Ch., *"Are you Modular or Integral?"*, Strategy & Business, Issue 39, MIT Sloan Management Review, Spring 2004.

Flores, B., *Creando organizaciones para el futuro*, Santiago de Chile, Dolmen, 1994.

Forrester, J., *Industrial dynamics*, The MIT Press, Cambridge, Massachussets, 1961.

Frischknecht, F., *Dirección Recursiva*, El Ateneo, 1993.

Fujimoto, T., *The evolution of a Manufacturing System at Toyota*, Oxford University Press, 1999.

Garicano Rojas, Tomas, *"Los distintos modelos y actitudes ante el gobierno de la empresa: "stockholders" y "stakeholders"*, Artículo ICE, Instituto de Empresa, Madrid, España, 1998.

Grant, R., *Contemporary Strategy Analysis*, Blackwell Business , 2006.

Gore, E., *Organizaciones, lenguaje y capacitación*, Udesa Press, 2000.

Hamel, G. & Prahalad, C., *Competing for the future*, Harvard Business School Press, 1994.

Hart, O., *"Coporate Governance: some Theory and Implications"* The Economic Journal, 1995.

Harrington, H. J., *Mejoramiento de los procesos de las empresa*, Mc.Graw-Hill, 1998.

Jensen, M. *"Organization Theory and methodology"*, en Accounting Review, 50. 1983.

Jensen, Michael C. y Meckling, William H., *"Theory of the firm: Managerial Behaviour, Agency Cost, and Capital Structure"*, Journal of Financial Economic, n°3, 1976, pp.305-60.

Kafka, F., *Derecho de Propiedad, costos de transacción y economía de las organizaciones.* Univ. de Pittsburgh (USA) y Univ. del Pacífico (Perú). Nov. 1994.

Kim, K. y Limpaphayom, P.: *"A test of two-tier corporate governance structure: the case of Japanese Keiretsu"*, The journal of financial research, Spring 1998, Vol XXI N° 1, p.37-51.

Kaplan, R. y Norton, D., *Mapas Estratégicos* HBS Press, 2004.

KPMG *"Corporate Governance"* Código de Mejores Prácticas Corporativas, México, 2001.

Kreps, D., *Corporate Culture and Economic Theory' in Perspectives on positive political economy*, Alt, J. and Shepsle, K. eds., Cambridge University Press,1990.

Levy, A., *ECP Estrategia, Cognición y Poder,*. Granica, 2007.

Liker, J., *The Toyota Way*, McGraw-Hill, New York, 2004.

Liker J. y Meier, D., *El talento Toyota*, Mc Graw Hill, 2008.

Lopez, G.; Correa, M. y Garcia J.C.: *Tecnología, Cambio tecnológico e Innovación* en Scientia et Technica Año IX, No 22, Octubre 2003.

Magretta, J., *"Why business model matters?"* Harvard Business Review, May 2002.

Maitland, I., Bryson, J. y Van De Ven, A.: *"Sociologists, Economists, and Opportunism"*, Academic of Management Review, 1985, Vol 10, N°1, pp. 59-65.

Martinez-Echeverría y Ortega, Miguel Alfonso, *Evolución del pensa-*

miento económico, Espasa-Calpe, Madrid, 1983.

Mayo, Elton G., *The Human Problems of an Industrial Society*, Macmillan, Londres, 1933.

Mentzer, J., DeWitt, W. Keebler, J., Nix, N., Smith, C., y Z, G. *"Defining supply chain management"*, Journal of Logistics, 22(2):1-25, 2001.

Ming, G.y Lai, H. *"Knowing who you are doing business with in Japan: A managerial view of Keiretsu and Keiretsu Business Groups"*, Winter 1999 v34i1, pg.423.

Meléndez, H.: *"Modelo de Negocio"*, Revista Cuestiones sociales y económicas, Facultad de Ciencias Sociales y Económicas, Año V, Julio 2007.

Milgrom, P. and Roberts J., *Economics, Organisation and Management*, Prentice-Hall Inc. 1992.

Miller, G., *Managerial Dilemmas: The political economy of hierarchy*. Cambridge University Press. 1992.

Mintzberg, H., *"Crafting Strategy"* Harvard Business Review July – August 1987.

Monden, Y., *El "just in time" hoy en Toyota*, Deusto, 1995.

Morgan, G., *Images of Organisation*, London, Sage, 1986.

Morin, E.: *Introducción al pensamiento complejo*, Gedisa. Barcelona, España, 2004.

Naisbitt, J., *Global Paradox*, New York, Avon Books, 2000.

Nohria, N. & Eccles, R., *Networks and Organizations*, Harvard Business School Press, 1992.

Nonaka, Ikujiro y Takeuchi, Hirotaka, *La organización creadora de conocimiento*, Oxford, México, 1995.

North, Douglas, Institutions, *Institutional Change and Economic Performance*, Cambridge University Press, Cambridge, 1990.

Ohno, T., T*oyota Production System: Beyond Large-Scale Production*. OR Productivity Press, Portland, 1998.

Osono, E.; Shimizu, N. y Tekeuchi, H., *Extreme Toyota*, J. Wiley, 2008.

Ouchi, W. G., *"Markets, bureaucracies and clans"*, Administrative Science

Quartely, 1980a, 25, 129-142.

Pascual, M. D., *"Internal Design of Organization"*. Dissertation in Management. LSE. 1997.

Pascual, M. D., *Costos de transacción y funciones básicas de diseño organizacional* - Congreso IAPUCO XXIX, San Luis, Argentina, 2006.

Pascual, M.D., *El modo japonés de generar valor* – IV Congreso Mercosur AURCO, Uruguay, 2008.

Perrow, Charles, *Sociología de las organizaciones*, McGraw-Hill-Madrid, 1991.

Piovani, J. y Baglioni, S., *"Fundamentos epistemológicos de la ciencia"*, 1, en Pensar y hacer en Investigación (comp.) Fernandez Vecchi, A. Epistemología de las Ciencias Económicas, (UBA), 2011.

Popper, K., *Introducción a la lógica de las ciencias*. Primera Parte, en "La lógica de la Investigación Científica", Tecnos, Madrid, 1934.

Porter, M., *Estrategia Competitiva*, Compañía Editorial Continental S.A., 1982.

Porter, M. *"Towards a dynamic theory of strategy"* Strategic Management Journal, Vol. 12, 95-117, 1991.

Salancik, G. *'Commitment and the control of organisational behaviour and belief'*, in B. M. Staw and G. Salancik (Eds.), New directions in organisational behaviour, 1-21, Chicago: St. Clair Press, 1977.

Samaja, J., *Aspectos lógico-epistemológicos*, Unidad 5, en Pensar y hacer en Investigación (comp.) Fernandez Vecchi, A. Epistemología de las Ciencias Económicas (UBA), 2011.

Schein, Edgar H., *La cultura empresarial y el liderazgo*, Barcelona, Plaza, 1988.

Selznick, Philip, *"Leadership in Administration"*, Harper & Row, NY, 1957.

Senge, P., *"La Quinta Disciplina"*, Granica, Buenos Aires (2006).

Shiba, Sh., Graham, A. y Walden D., *"TQM: Desarrollos Avanzados"*; Ed. Productivity Press, Portland, 1995.

Simchi-Levi, D., Kaminky, P. y Simchi-Levi E., *"Managing the Supply*

Chain", McGraw-Hill, 2004.

Simon, H.: *"El comportamiento administrativo"*, Ed. Macmillan, 1957.

Simon, H.: *"Making Management Decisions: the Role of Intuition and Emotion"*, Academic of Management Executive, Febrero 1987.

Simon, H.: *"Recognizing, Thinking, and Learning as Information Processes"* in Cognition in Individual and Social Contexts, A.F. Bennett, K.M. McConkey (editors), 1989.

Simon, H., *"Decision Making: Rational, Nonrational, and Irracional"*, The University Council for Educational Administration, 1993.

Simon, H.: *"The Information-Processing Theory of Mind"*, American Psychologist, 1995.

Simon, H., *"Problem Forming, Problem Finding, and Problem Solving in Design"*, en A. Collen y W. W. Gasparski (Eds.), Design and systems: General applications of methodology (Vol. 3), New Brunswick, 1995.

Schön, Donald A., *Organizational learning*, Addison-Wesley, Massachusetts, 1978.

Spear; S.J., *"Learning to lead at Toyota"* – HBR, May 2004.

Spear, S. y Bowen, K.; *"Decoding the DNA of the Toyota Production System"*-HBR (April 1999).

Tirole, Jean, *La teoría de la Organización Industrial*, Ariel Economía, Barcelona, 1990.

Vijaya Ramnath B., Elanchezhian, C. y Kesavan, R.: *"Inventory Optimization Using Kanban System: A Case Study"* en The Icfai University Journal of Business Strategy, Vol. VI, No. 2, 2009.

Wegner, E.,*Comunidades de Práctica. Aprendizaje, significado e identidad*, Barcelona, Paidós, 1998.

Weick, Karl E., *The Social Psychology of Organizing*, Addison-Wesley, Massachusetts, 1969.

Williamson, Oliver, *Mercados y Jerarquías*, Fondo de Cultura Económica, México. 1975.

Williamson, O. *The Economic Institutions of Capitalism*, MacMillan Publishing Co., 1985.

Williamson, O., *The Mechanisms of Governance*, New York, Oxford University Press, 1996.

Womack, J. & Jones, D., *Lean Thinking*, Gestión, 2000, 2005.

www.ingramcontent.com/pod-product-compliance
Lightning Source LLC
Chambersburg PA
CBHW051343200326